如何领导一所学校

汪正贵 著

中国人民大学出版社
·北京·

目录 CONTENTS

序·李希贵 / 001

上 篇

1. 作为校长，你凭什么领导别人
   领导力的本质是一种关系。 / 005

2. 校长如何实现价值引领
   世界上最遥远的距离是从嘴到脚的距离。 / 009

3. 如何有效发挥学校愿景的力量
   未来不是我们要到达的地方，而是我们要创造的地方。 / 016

4. 如何利用愿景管理未来
   管理未来就是让人们找到值得去努力和献身的理由。 / 020

5. 如何应对学校变革的压力
   在当下的液态社会中，一切都变动不居，唯一不变的是变化本身。 / 023

6. 激励教师的切入口在哪里
   需求是理解人性的一把钥匙。 / 029

7. 如何真正激励人心
   真正让每个人都觉得自己很重要。 / 035

8. 如何应对多重角色的挑战
   本色做人，角色做事。 / 040

9. 如何理解领导力的本质是影响力

   你可以赐予某人职位，但你无法赐予他真正的领导力，领导力只能靠他自己获得。 / 043

10. 如何向上领导

    你的领导能力越强，你碰到能力欠佳的上级的概率就越大。 / 047

11. 如何实现横向领导

    你希望别人如何对待你，你就如何对待别人。 / 052

12. 如何更好地向下领导

    在你成为领导之前，成功只和自己的成长有关；在你成为领导之后，成功只和别人的成长有关。 / 056

中 篇

13. 校长如何从烦冗的事务中解脱出来

    不谋万世者，不足谋一时；不谋全局者，不足谋一域。 / 067

14. 如何理解"一切成果都存在于组织之外"

    一切成果总是发生在组织外部，一切压力总是来自组织内部。 / 071

15. 校长如何管理自己的时间

    每个人都是时间消费者，而大多数人同时也是时间浪费者。 / 076

16. 校长如何化解工作中的压力

    用正确的方式做正确的事。 / 082

17. 如何在学校内部建立良好的人际关系

　　人际关系具有真实的、有形的和可测量的力量。　　/ 088

18. 学校管理者如何进行正确的自我认知

　　我们不是从经验中学习，而是从反思中学习。　　/ 094

19. 如何让平凡人做出不平凡的事

　　世界上从来没有发生过因为下属有才干反而害了主管的事。　　/ 100

20. 如何做到要事优先

　　有些事今天是急事，明天可能就不再是急事，后天可能就成了故事。　　/ 105

21. 学校决策中最令人困扰的难题是什么

　　决策的本质是说服别人的同时说服自己。　　/ 111

下　篇

22. 如何进行人性化管理

　　人性化管理不是软弱或退让，而是尊重人性，真正把人当成重要的资源。　　/ 119

23. 如何讲好学校管理故事

　　学校管理者传播学校理念的最好方式是讲述一个个真实的管理故事。　　/ 126

24. 如何从评价走向诊断

　　评价是为了促进（improve），而不是为了证明（prove）。　　/ 134

25. 新科学思维对学校管理有哪些启示

    只有坚守不变的价值观，不断改进行动，才可能应对这个充满不确定性和变化的时代。　/ 141

26. 如何看待学校管理的隐性代价

    因为少数人的过错而惩罚大多数人，是一种制度性羞辱。　/ 147

27. 如何应对学校管理中的两极困境

    从某种意义上来说，一切决策都是折中的问题。　/ 155

28. 在学校管理中如何运用机制的力量

    好的机制从人性出发，将人的行为导向正确的管理目标。　/ 162

后记　/ 169

人名索引　/ 173

序

/ 李希贵 /

汪正贵校长从安徽省马鞍山市老家漂到首都，和我从山东省潍坊市老家漂到北京，相差九年，但我们当时的年龄却都是47岁，真是机缘巧合。

2007年1月，我和一些志同道合的朋友一起启动了新学校行动研究。在那个不为人知的草根团队里，很快就有了正贵的影子。要知道，那时的正贵已经是安徽省的教育明星了，他担任校长的马鞍山市第二中学，被誉为"安徽教育一枝花"。他的参与，给新学校行动研究团队，既加油壮胆，又增光添彩。

由于正贵工作出色，新学校行动研究第八次年会于2011年春天在马鞍山市第二中学召开，正贵题为"教育的温度"的报告引起了与会者的热烈反响，也引起了我的强烈共鸣。从那个时候开始，我的心中似乎隐隐地有种感觉：说不定什么时候，能够有幸和正贵这样一位有情怀、有追求的同人一起工作。

四年多之后，正贵终于说服了百般挽留他的领导，割舍所有资源，来到北京。他的一位老同学送给他两句话："以虔诚之心，抵住世俗的喧嚣，传递求真向善的力量；以赤子之情，保持探索的姿态，追求教育的人性温度。"这其实就是对正贵的写照。我很佩服他这位同学的眼力，因为情怀确实是正贵的标签，他的一举一动、一颦一笑，都让我想到关于人文素养的诠释，他对真善的追求和对教育本义的求索，又让我十分感佩。表面上看，正贵不是一个超凡脱俗的人，但他始终如一追求教育的理想，却已经超越了一般人。

目前正贵又漂到了青岛，成为青岛中学这所以城市名称命名的十二年一贯制学校的校长。从学校的名字本身，我们已经体悟到当地政府和社会对学校的期待。每当想起身在青岛中学校园里的正贵，我的脑海里总是习惯性地冒出杨昌济先生的那句"自闭桃源作太古，欲栽大木拄长天"，尽管我也知道正贵很难"自闭桃源"。

这本《如何领导一所学校》是正贵站在学校管理学的更高处的所思所做，其内容已经超出了传统中人们认为的学校管理实践。他把这个时代给予他的营养，诸如领导科学、成功学，以及他本来具备的学科知识和历史视角融为一体，并通过他特有的沉静、从容、不偏不倚的文字传达给我们。

写这篇序言的时候，正赶上国家有关部门发布关于"十四五"期间逐步延迟法定退休年龄的消息。这样看起来，正贵正处在深潜教育的黄金时期。毫无疑义，他一定会在这个非同寻常的时代大有可为。

2020 年 12 月 16 日

作为校长，你凭什么领导别人
校长如何实现价值引领
如何有效发挥学校愿景的力量
如何利用愿景管理未来
如何应对学校变革的压力
激励教师的切入口在哪里
如何真正激励人心
如何应对多重角色的挑战
…………

上篇

领导力本质上是一种影响力,而不仅仅是职位赋予的权力。领导力无处不在,但和职位毫无关系。我们可以在任何职位上领导他人。职位无法塑造个人,个人却可以塑造职位。

1. 作为校长，你凭什么领导别人

李希贵校长曾说，教育学是关系学。其实，管理学也是关系学。我觉得詹姆斯·库泽斯（James Kouzes）和巴里·波斯纳（Barry Posner）在《领导力——如何在组织中成就卓越》这本书中的一句话说得特别好："领导力是一种人与人之间的关系。"[①] 人与人之间的关系分为很多种，比如利益关系、权力关系、情感关系等，不同的关系基于不同的基础。利益关系基于利益与交换，权力关系基于权威与等级，情感关系基于人与人之间的感情。领导力这种关系则是基于信任，信任是它的基石。

有研究表明，受人尊敬的领导者具备 20 项比较重要的品质，其中前 4 项分别是真诚（honest）、有前瞻性（forward-looking）、有胜任力（competent）、能鼓舞人心（inspiring）。[②] 而这 4 项品质的基石是信誉和信任。

领导力是人与人之间的一种特殊关系，其本质是感召与追随的关系。有领导力的人能不依靠任何外部力量，不依靠权力和利益，而仅凭自身的内在品质而让人自愿追随。

我认为，有领导力的校长应具备以下四个品质。

[①②] 库泽斯，波斯纳.领导力——如何在组织中成就卓越（第 5 版）[M].徐中，周政，王俊杰，译.北京：电子工业出版社，2013: 22, 24-25.

第一，要能取得他人的信任。我们要很真诚，很真实。如果我们虚假、虚伪，说的和做的不一样，对上级和对下属不一样，我们就不是一个真诚的人，就很难取得他人的信任。正如一句谚语所说："你可以在所有时间欺骗一个人，也可以在一个时间欺骗所有人，但是你不可以在所有时间欺骗所有人。"除此之外，我们还要有能力，有胜任力。这样，我们就可以赢得他人的信任和认可，这是领导力的基础。

第二，要能给人以方向。所谓领导力，就是引领大家，让大家清楚地知道我们究竟要往哪儿走。我们一定要描绘出一个愿景，给人以方向。"领导力是带领他人和组织到达从未到过的地方，做他们从未做过的事情。"①

第三，要能给人以动力。我们要能够激发教师们的内动力，做教师们的发动机。我们要把教师的主动性、创造性、积极性激发出来，这是一种关键能力，是校长领导力的核心部分。

第四，要能成就他人。我们要培养人，给人增值和赋能。我们的下属跟着我们，要能得到发展。我们不仅仅是在使用他，也是在培养他，成就他。当我们培养他、成就他的时候，他很可能就成为我们的追随者。

我认为，"管理"主要是使用人，"领导"主要是培养人。"伟大的领导者是把自己的下属锻炼成他们自己的领导者"②，这和李希贵校长的观点不谋而合。李希贵校长认为，领导力就是将下属培养成领导的能力，我们说的是同一个道理。

---

①② 库泽斯，波斯纳.领导力——如何在组织中成就卓越（第5版）[M].徐中，周政，王俊杰，译.北京：电子工业出版社，2013: 11, 23.

所以，在学校中，若副校长、中层干部、普通教师跟着我们获得了成长，我们就是在培养他们，成就他们，帮助他们创造自身的价值。此时，我们就具备了一定的领导力。

总之，当我们说领导力是一种关系的时候，我们是想回答一个问题：作为校长，你凭什么领导别人？显然，不是说我们的职位是校长，我们就可以去领导别人。职位赋予我们的领导力不是真正的领导力，或者说它赋予我们的只是外在的领导力。我们若离开了校长的岗位，可能就不再具有这样的领导力了。

我们若和教师们、下属们相处得很好，赢得了大家的认可，我们也具备了一种领导力，这种领导力一般被称为人际领导力。但是这种领导力也不长久，如果我们不能带着大家进步，这种领导力就会减弱或丧失。

再上位一点儿的是专业领导力。如果我们在教育教学和管理方面做得很好，教师跟着我们能够取得成功，我们就具备了专业领导力。其实，专业领导力就是让教师们信服你，让教师们因佩服你的专业能力而追随你。

更上位一点儿的是文化领导力。有文化领导力的校长能给人方向引领和价值引领，能激发人的内动力，能培养人、成就人。这是一种无形但最有力量的领导力。正如杰克·韦尔奇（Jack Welch）所说："在你成为领导之前，成功只和自己的成长有关；在你成为领导之后，成功只和别人的成长有关。"

领导力与职位和头衔无关，与权力和权威无关，与名气和财富无关，与家庭和出身无关。领导力只和我们自己有关，和我们的信誉有关，和我们的品格有关，和我们的所作所为有关。领导力蕴藏在我们自己身上。

通过反思和反省，通过改变自己的言行举止，我们可以获得和提升领导力。以身作则，感召、激励他人，带领大家到达一个从未去过的地方，这就是领导。有人追随，我们就是领导；能感召他人，我们就具备了领导力。

2. 校长如何实现价值引领

如果你有机会去北京十一学校，你就会发现，这所学校的文化氛围很特别，它体现在教师敬业、合作、分享的行为方式和专注于教育教学的精神状态上，体现在行政管理人员谦和、亲切的工作态度以及细致、周到、专业的工作品质上，体现在学生自信、自由、充满活力的精神面貌上……我们不禁要问，北京十一学校究竟是怎么做到的？

我相信这绝不仅仅是制度的作用。制度可以规定人的行为，却难以规定人的内心和精神面貌。这背后一定有文化的力量，而文化的背后是一个学校的价值观，也就是这个学校师生的价值观念和行为准则。

校长要有自己明确的价值观

共同的价值观可以让组织成员具有共同的语言和共同的行为。培育价值观不是简单地提提口号就可以实现的，它是一个缓慢的、长期的、潜移默化的过程。

学校的价值观（包括学生观、教育观、教学观、课程观、管理观等）是师生的行为指南。在学校价值观的形成过程中，校长毫无疑问要发挥重要的引领作用。作为校长，我们自己有没有明确的价值观？大家可能很少会问自己这个问题。如果校长没有清晰的价值观，那他所在的学校估计也没有明晰的办学理念。

校长要有价值自觉和价值自主。

所谓价值自觉，就是系统而有意识地思考自己行为的价值取向。价值自觉"让我们更加觉悟到我们的选择的道德特性，更加自觉地面对我们的选择并且更加清楚地看清它的道德内涵"[1]。有明确的价值取向，很清楚自己依据什么价值准则来行事，知道这些价值准则是否一致、明确且合理，这就是价值自觉。有价值自觉的校长不断自觉反思自己的管理行为及其背后的价值观，不断反思价值观的科学性和教育性，并将这些价值理念诉诸文字，在不同场合予以宣示与倡导。

所谓价值自主，是指我们的价值观要有一致性和彻底性。在遇到压力、困难和冲突的时候，我们要能坚持自己的价值观，做到言行一致，表里如一。比如，在酒桌上，我们不能和同事在一起时不喝酒，领导来了我们就喝。

李希贵校长曾说，他从来不会为了迎接一个领导而特地穿正装、打领带，但是他会为学生和老师们穿正装。比如，在学生的开学典礼、毕业典礼和欢迎新教师入职的酒会上，他会穿西服、打领带，这体现了他价值观的一致性。

校长要真正践行自己的价值观

作为校长，我们要想让自己的价值观变成教师们共同的价值观，

---

[1] 鲍曼. 生活在碎片之中——论后现代道德 [M]. 郁建兴，周俊，周莹，译. 上海：学林出版社，2002: 序8.

就要带头践行我们倡导的价值观。教师们都看着我们呢，我们做什么比说什么更重要。校长的行为所传递出的价值观具有更大的影响力。

比如，青岛中学的核心价值观是"把学生放在心上"。秦建云校长曾说，老师们若有事找他，他一定会说："您待在哪儿，我一会儿过去。"他说："尽管我很忙，但是我要到老师身边去，而不是让他来我的办公室。因为我们的核心价值观是'把学生放在心上'，我希望老师们安心陪伴孩子，所以我要主动去老师的学科教室。"因此，"把学生放在心上"不是仅在嘴上说说的理念，也不是挂在墙上的口号，要真正体现在我们的日常行为中。

再比如，作为校长，我们将主要时间用在哪些人、哪些事情上面，都能体现我们的价值观，反映出我们重视什么人、什么事。将时间花在我们认为重要的人和事情上，也是我们践行价值观的体现。

作为校长，我们要言行一致。我们说的，是我们相信的；我们做的，就是我们说的。我们倡导的价值观是我们深信不疑的信念，而且我们会认真践行我们所倡导的价值观。

要成为有领导力的校长，首先，我们要找到自己的领导哲学，明确自己的价值观。如果我们说的话不是自己的东西，而是别人的语言，从长远来看，我们所说的和所做的就不可能一致，我们也就不可能成为有领导力的校长。其次，我们要用行动来践行自己的价值观，坚守和维护自己的信念，如此才能建立内在的自信，并为他人树立榜样。

说你相信的，做你所说的。这很重要，因为"有时候世界上最遥远的距离就是从嘴到脚的距离"[①]。

校长要引领全体师生员工共同建构和培育学校的价值观

作为校长，如果我们能真正践行自己的价值观，其实就给教师们发出了一个重要的信号。他们听到校长是怎么说的，也看到校长是怎么做的，便知道校长重视什么。

但是，将我们的价值观变成大家共同的价值观，还要经历一个漫长的过程。我们要和教师们一起建构，不断明晰，不断澄清，不断强化。校长个人的价值观和学校的价值观是两回事。当然，学校的价值观自然会被打上校长的价值观的烙印，但学校的价值观是在校长的价值引领下，由全体师生员工共同建构和培育的。

在学校价值观的形成过程中，校长的价值引领非常重要。我们要利用好关键时期和关键事件，将工作中的一些关键事件当成宣示价值观的契机。我们要让教师看到我们是根据什么原则、什么价值观来处理这些关键事件的，对关键事件的处理可以向全校师生昭示校长的价值导向。特别是当这个事件难以处理时，我们一定要回到价值观上来。关键事件会成为学校的故事，而故事就是文化。

北京十一学校的"树与石"，承载着特定的文化意蕴与价值观。2011年10月11日，学校购买了9棵大树。为了抢时间，总务处安排工人连夜栽种，致使住在公寓南侧的学生休息受到影响。第二天，总务处公开向学生们道歉。之后，学校将每年的10月

[①] 库泽斯，波斯纳.领导力——如何在组织中成就卓越（第5版）[M].徐中，周政，王俊杰，译.北京：电子工业出版社，2013: 58.

12 日定为"道歉日",并勒石以记,其价值寓意是提醒师生敢于自省,勇于承担,学会表达歉意。后来,学校还专门设计了道歉卡,让学生有机会在毕业典礼上向过去 3 年中自己对不住的人表达歉意。

2012 年 3 月 5 日,美国教师雷夫·艾斯奎斯(Rafe Esquith)到北京十一学校访问。他参观了王春易老师的学科教室,王春易老师真诚的微笑给他留下了深刻的印象,他们达成了"微笑是一种很好的教育力量"的共识。随后,雷夫与十一学校的师生共同栽下象征着"微笑"的 5 棵苹果树,学校刻石记之。这传递出了一种人与人友好交往的微笑文化,也是激励学生的一种教育力量。

价值观需要不断地被昭示和强化。2013 年春节前,我给安徽省马鞍山市第二中学(以下简称"马鞍山二中")的 9 位老师每人写了一张新春贺卡,写上我的感动,表达我的感谢。我还在全校教师会上朗读了贺卡上的内容,然后亲手送给这 9 位老师。其实,我的贺卡不仅仅是写给这 9 位老师的,还是写给这 9 位老师所代表的不同人群的。这传递了一种价值观:作为校长,我看重什么,珍视什么。这是给全校教师的一个昭示。我们要利用各种各样的机会,各种各样的关键事件,来培育和强化我们共同的价值观。

注意语言的力量

一个人的语言方式能反映出他的态度、价值观和思维方式。同样,一个组织的语言方式能反映出组织的文化、结构、制度和关系。组织的语言方式是由组织成员共同建构的,反过来,组织的语言方式又影响着组织成员的行为和态度,形塑着每个成员的价值观。

比如，教师们是说"你们领导""他们领导""这个学校""他们学校"，还是说"我们领导""我们学校"，能间接反映出学校中人与人之间的不同关系。

比如，一个领导或者教师在描述团队工作时，是说"我"还是"我们"，反映的价值观也是不一样的。

再比如，在学校中大家是习惯于称呼彼此的职位，还是习惯于称呼"××老师"，或者是直呼其名，同样反映出大家对人与人之间的角色和关系的不同定义——是同事关系、伙伴关系还是上下级关系。这也能反映出这所学校的组织文化。

语言已经成为一种思维方式，渗入组织内部。它是文化的试纸，可以灵敏地反映出学校的组织文化。语言甚至在塑造思想和行为方面也具有强大的力量。作为校长，我们要注意自己的语言，并且率先垂范，引领大家形成学校的语言方式。

总之，作为校长，我们要有一个明确的价值观，而且我们要真的相信它，对它深信不疑。同时，在任何时候、任何地方，我们的价值观都是一样的。我们要做到言行一致、内外一致；我们要做一个真诚的人，怎么想就怎么说，怎么说就怎么做；我们要找到自己的领导哲学，听到内心真实的声音；我们要在处理关键事件时对自己的价值观加以昭示和强化。

"只让他人做你自己也愿意做的事"[1]，这是领导力的黄金法则。我们希望别人如何对待自己，就如何对待别人；我们不愿意做

---

[1] 库泽斯，波斯纳. 领导力——如何在组织中成就卓越（第5版）[M]. 徐中，周政，王俊杰，译. 北京：电子工业出版社，2013: 60.

的事，就不要强迫别人去做。比如，我们当下属时不喜欢开会，做了领导后就要少开会；我们当下属时不愿意打卡签到，做了领导后就不要让下属打卡签到。学校是育人的地方，我们如何对待教师，教师就会如何对待学生。我们希望师生怎样，就要带头怎样。我们要以教育的方式去管理学校，带头践行学校的价值观。

3. 如何有效发挥学校愿景的力量

好的学校愿景什么样

首先,好的学校愿景一定要有引领性,有崇高的价值和意义。

其次,好的学校愿景一定要触动人的情感。愿景和目标不一样。目标是理性的,是我们要到达的一个里程碑,是要完成的任务。愿景则是一幅图像、一幅画面。它一定是感性的,一定要能触动人的情感,这样的愿景才容易进入人的潜意识,才可能激发人的内在动力。

再次,好的学校愿景非常独特。如果你们学校的愿景和其他学校的愿景差不多或者雷同,没有很高的识别度,那它也就发挥不了更大的激励作用。独特性是好的学校愿景的一个标志。

最后,也是非常重要的一点,好的学校愿景要具备可视性和画面感。愿景是一幅吸引人的画,一定要被人看见。在英语中,"愿景"的词源就是看见(to see)。潜意识的一个特征是不识真伪,它不知道什么是真的,什么是假的,但它特别相信画面,并且会为这个画面的实现提供无限的动力。潜能开发大师博恩·崔西(Brian Tracy)说过,潜意识的力量比意识大 3 万倍以上。愿景进入潜意识后,会产生巨大的能量。所以,愿景一定要具备可视性和画面感。

马丁·路德·金(Martin Luther King)的演讲《我有一个梦

想》特别动人，就是因为他描述的未来生动而具体，很有画面感。他在演讲中用很形象的语言描述未来：

我梦想有一天，这个国家能站立起来，真正实现其立国信条的真谛："我们认为这个真理不言而喻：人人生而平等。"

我梦想有一天，在佐治亚州的红色山岗上，昔日奴隶的儿子能够和昔日奴隶主的儿子坐在一起，共叙兄弟情谊。

我梦想有一天，甚至连密西西比州这个正义匿迹、压迫成风，如同沙漠般的地方，也将变成自由和正义的绿洲。

我梦想有一天，我的四个孩子将在一个不是以他们的肤色，而是以他们的品格优劣来评价他们的国度里生活。

今天，我有一个梦想。

我梦想有一天，亚拉巴马州能够有所转变，尽管该州州长现在仍然满口异议，反对联邦法令，但有朝一日，那里的黑人男孩和女孩将能与白人男孩和女孩情同骨肉，携手并进。

今天，我有一个梦想。

我梦想有一天，幽谷上升，高山下降，坎坷曲折之路变成坦途。

和他同时代的美国总统约翰·肯尼迪（John Kennedy）的演讲《我们决定登月》同样很精彩，肯尼迪在演讲中向美国人描述了探索太空的未来愿景。50多年过去了，这篇演讲仍然让人感动。

愿景是人们脑海中的一幅画，是人们心里的一幅图，所以一定要形象，让人有身临其境之感。毛泽东在井冈山时就对中国革命胜利的愿景做了诗一般的描述："它是站在海岸遥望海中已经看得见桅杆尖头了的一只航船，它是立于高山之巅远看东方已见光芒四射喷薄欲出的一轮朝日，它是躁动于母腹中的快要成熟了的一个婴儿。"（《星星之火，可以燎原》）这样的愿景特别能吸引人、激励人。

好的学校愿景从哪里来

第一，好的学校愿景一定是从过去和现在出发。愿景是指向未来的，而未来是过去和现在的延伸。过去和现在孕育着未来，启示着未来。我们描绘未来的愿景之前，一定要先回顾过去，就像我们开车朝前行驶时要看后视镜一样。回首过去，重温历史，才能更好地关注当下，预见未来。这样的愿景，才有可能实现。

第二，好的学校愿景一定是从内心出发。无论是校长还是教师，在制定愿景或者描绘愿景的时候，一定要真诚地相信它。愿景应该是我们真正相信的东西，应该是我们坚守的信念，应该是我们共同的信仰。因为相信，所以看见；因为相信，所以坚守。如此，愿景就和价值观连接起来了。

第三，好的学校愿景应该是从学校的使命出发。学校的使命是学校存在的理由和价值，也是我们要实现的组织目标。好的学校愿景应当与使命一致，指向学校的意义和目标。愿景是一种从使命出发的梦想和激情。愿景是创造未来，而不是预测未来。未来不是我们要去的地方，而是我们要创造的地方。

愿景是人们用文字作的画，是"胆大包天"的目标以及目标实现时的场景，它光芒四射，动人心弦，能够激发人的内在动力。比如，北京十一学校的愿景是"将'十一学生'塑造成一个值得信赖的卓越的品牌，把十一学校建设成为一所受人尊敬的伟大的学校"，青岛中学的愿景是"建设一所与世界对话、全球一流的中国式学校"。这样的愿景能够持久地激发师生们的内在动力。

如何制定学校的共同愿景

我非常赞同这样一个说法:"愿景是文化的股份制。"在学校里,我们每个人都是股东。我们贡献自己的想法,同时也共享愿景,我们每个人的利益都在其中。所以,愿景一定是大家共同制定、共同分享的。

如何制定学校的共同愿景呢?学校可以举办一个活动,邀请全体或部分教师参加,每个参加者都要描述或想象一下:5年以后、10年以后、20年以后,甚至50年以后,学校会是什么样子。参加者可以不受任何约束地想象学校的未来,学校将大家描绘的未来图景综合起来,提炼出学校的共同愿景。

价值观需要不断地被澄清,愿景则需要我们不断地去描绘。校长一定要成为学校中正能量的主要来源,激励大家共同描绘美好的未来,并在愿景制定的过程中起重要的引领作用。当然,学校的愿景不应该只是校长个人的愿景,而应该是师生们的共同愿景。只有学校愿景与每个人的利益一致,愿景这个文化股份制才会充满活力,才能持久地激励大家共同前行,创造未来。

4. 如何利用愿景管理未来

内部激励是管理中最核心的东西

管理学中的激励理论认为，外部激励是一种保障性激励，内部激励才是真正驱动人的内动力的激励方式。外部激励，包括学校中的工作条件、生活福利、经济待遇等，可以给教师提供保障，没有它不行，但是只有它也不行。内部激励才是管理中最核心的东西，它能够调动人内在的积极性、主动性和创造性。我们应该将外部激励和内部激励结合起来，并且更加关注内部激励。

要给教师内部激励，首先要激发他们的成就感、价值感和意义感，让他们觉得自己做的事情很有价值，很有意义。其次，校长要给予教师信任和认可，让每个教师都觉得自己很重要。信任与认可是内动力的重要源泉。青岛中学每月都要评出"月度人物"，并将印有当选教师大幅照片的海报在众多场合张贴出来，让学生和教师们都能看到。这是非正式表扬，是对当选教师的认可和激励。

内部激励更多地体现在精神层面上。当然，我们也可以将精神层面的激励和物质层面的激励结合起来。比如，北京十一学校工会开展"金点子"项目，鼓励教师随时随地给学校工作提建议，好的建议可以直接成为学校的政策或者学校改进工作的一种做法。学校工会每个季度对教师们的建议进行评选，并给予提出"金点子"的教师一定的物质奖励，这就把精神层面的激励和物质层面的激励很好地结合了起来。

使用外部激励时我们要特别注意一点，即慎用金钱、职称等激励。激励过度的时候，可能会发生扭曲，会让教师更多地关注奖励本身，包括金钱、荣誉、职称等，教师们工作好像只是为了这些外在的东西，而与目标本身无关。

相反，内部激励一般是基于目标的激励，它和目标的关联度非常大，教师的工作动力主要来自工作本身。所以，作为管理者，我们应该把更多的力气放在激发教师的内在积极性、主动性及创造性上。比如，利用学校愿景来激励教师，就是激发教师内动力的一个很重要的方式。

共启愿景，就是管理未来

我认为，管理者更多的是管理当下，而领导者更多的是管理未来。管理者更加注重现在，关注管理的目标；而领导者更加注重未来，注重前瞻性地描绘未来，并用未来激励大家。也就是说，是否善于用未来激励人是领导者和管理者的区别之一。好的领导者能够描绘美好的未来，激励大家去实现美好的未来愿景。

组织成员都希望自己出现在领导者所描绘的未来画面中。领导者要让组织成员感觉组织的愿景与他们自己的利益相关，这样才能让组织成员与自己一起梦想未来、共创未来。创设愿景就是寻找共同目标，以激发组织成员的内动力。当然，领导者不能将愿景强加于人，而是要释放组织成员内心已有的愿景，唤醒组织成员的梦想，激发组织成员的活力，点燃组织成员的激情，让梦想带着大家飞行。

作为校长，我们既可以利用愿景管理未来，也可以利用目标管理未来。愿景和目标都可以激励人，但二者存在很大不同。假如我们要去西藏旅游，西藏那个地方就是目标；西藏那个地方的样子，那里的景色，我们到达西藏时的画面就是愿景。

目标可能是阶段性的，而且是人们付出努力后才能实现的；而愿景是遥远的，是用来激励人的。从某种意义上说，愿景永远无法实现。你可以无限接近它，但是永远不能抵达，否则它就不是愿景，而是目标了。目标是理性的，而愿景是感性的，具有情感、想象的特征。

愿景比目标更能激励人们去迎接挑战，也更能激励人们去战胜困难。当年曹操带兵长途行军，因为一直找不到水源，士兵们都很口渴。曹操便对士兵们说远处有一大片梅林，我们攻打到那个地方就可以吃梅子解渴，他其实就是在描绘一个愿景。沙漠中的旅行者若想象远处有一处绿洲，便可以激励自己战胜困难。

人们追求的很多东西是超越物质层面的，关键看我们能不能激活或者提升人们内心深处的崇高追求。愿景是一个高远的理想，是一项充满意义的事业，它能让教师在工作中感受到挑战、意义和成就感，能让教师找到努力和献身的理由，同时还能提高教师的精神境界，激发教师的内动力。

因此，一个领导者最成功的战略是带领教师共启愿景，正如亨利·明茨伯格（Henry Mintzberg）所说："战略规划本身并没有价值……它只有在激发人们的敬业精神时才能发挥作用。"[1]

---

[1] 库泽斯，波斯纳.领导力——如何在组织中成就卓越（第5版）[M].徐中，周政，王俊杰，译.北京：电子工业出版社，2013: 91.

5. 如何应对学校变革的压力

无论是对领导者还是被领导者来说，变革都是有压力的，因为变革可能会失败，可能会改变人们的舒适区和路径依赖。

信念的力量

面对变革的压力，我们需要信念的力量。对于我们进行的变革，我们一定要有坚定的信念，坚信我们要做的事情是对的，我们的方向是正确的，我们一定会到达要去的地方。

不管我们遇到什么问题，信念都会帮助我们，给我们克服困难的力量。作为校长，我们在带领教师一起去寻变、去探索一条新路时，要从内心深处相信自己。因为只有我们相信，大家才会相信，而这会产生巨大的力量。

信念还会帮我们迎接挑战，并从失败中崛起。即使出现错误，我们也不会认为这是失败，而是会自问：我能从这个经历中学到什么？

我以前看过获得了1988年奥斯卡奖的加拿大动画短片《种树的牧羊人》。短片讲述了一个感人的故事：一个牧羊人在阿尔卑斯山的荒原植树，用了几十年时间以一己之力将一片荒凉之地改造成美丽的田园。片中的一段话很深刻："每当我想到这位老人靠一个人的体力与毅力把这片荒漠变成了绿洲，我就觉得，人的力量是多么伟大啊！想到要做成这样一件事，需要怎样的毅力，怎样的无私，我就从心底里对这位没有受过什么教育的普通农民，感到无限的敬佩。"正是信念与执着，让这个牧羊人完成了几乎不可能完成的事情。

李希贵校长在 2010 年前后进行学校转型的变革。他认为，我国的基础教育一定要进行这样的变革，学校教育一定要着眼于每一个学生的发展，否则我们便对不起这个伟大的时代。这就是他的教育信念。

我曾经问他，当初北京十一学校的变革动作很大，他是怎么说服家长的。他说："我没有去说服家长，学生们喜欢，家长当然没有意见。"

我想起他说过的一句话："当你真的是为学生好，并把学生放在心上的时候，全世界都会为你让路。"

所以，面对变革的压力时，我们需要有信念。有了坚定的信念，我们就能应对变革中的各种压力和挑战。

除了信念外，我们还需要有勇气和担当。我们往往缺乏勇气，担心变革失败了怎么办。我们可能顾及自己的职业发展，或者说内心还不相信我们自己做的事一定会成功。

李希贵校长当年做的是从 0 到 1 的变革，我们现在跟着他学，其实已经是从 1 到 2 了。我们已经有了成功的样板，只需要学习和借鉴，而他当时是开风气之先，有很大的风险。我想，没有勇气和担当，他是做不到的。所以，变革也需要勇气和担当。

学校变革的策略

面对变革的压力，我们除了要有信念、勇气和担当，还需要有策略。我们要尽量考虑得更周全一点儿，让我们的变革能够比较顺利地到达它应该去的地方，尽量不让失败发生。

有一次，李希贵校长谈到学校变革，我觉得他提出的很多策略非常有道理，值得我们思考和借鉴。

第一个策略是要师出有名。变革一定要有个说法，要有一个名义，这样推行起来会更加顺利。我们既可以从理论上寻找依据，也可以从国内或国外的经验和探索中寻找依据，还可以从国家的大政方针中寻找依据。总之，改革要师出有名。对上，争取领导的认可和支持；对下，有个理由和说法。

第二个策略是要造势。启动任何一项变革之前都要造势。所谓造势，就是雷声大、雨点小，调子高、步子小，目的就是减小阻力，降低风险。

变革会触动一些人的利益。触动利益往往比触动灵魂还难，所以如果想让变革更安全，就先要造势。比如，学校实行分配制度改革之前，雷声可以大一点儿，强调实施分配制度改革的目的是拉大收入差距。但在最终实施的时候，可以雨点小一点儿、步子小一点儿，让教师们感觉差距没有想象中那么大，他们就有可能比较容易接受。

第三个策略是要做好风险防范。作为校长，我们进行一项变革前，一定要做风险排查，包括这个变革可能会引发什么问题，这些问题发生的概率有多大，会带来哪些后果和影响等。我们可以组织中层及以上干部进行头脑风暴，把这些风险排查出来。我们将风险排查出来后，再探讨怎么应对、如何解决。有人说，当你把风险写出来的时候，它发生的概率就会减小 90%。工作中发生了风险，往往是因为我们没有考虑到；如果我们提前考虑到了，即使风险真的发生了，我们也会有所准备。

第四个策略是要让所有人都看到希望。也许变革会触动人们眼下的利益，但是我们要让每个人都能看到希望，让每个人都感觉有奔头。有时候我们还要学会变换变革的主体，不要让大家感觉变革的主体是校长，似乎只是校长想改变；我们应该把变革的主体转变成教师，让大家觉得是自己想要改变。做到这一点非常重要，因为任何人都不希望"被"变革，不希望成为变革的对象。当教师成为变革的主体并主动参与时，他就会给予这场变革更多的理解和支持。因此，我们需要引导教师转变对变革的认知，创造条件让教师参与学校的变革。

第五个策略是在关键时刻，校长的价值导向要旗帜鲜明。校长要把握变革的方向，不能走偏。校长必须旗帜鲜明地提出改革的价值取向，当变革方向发生偏离时，要及时回到我们的价值观上，不能含糊。所有变革都必须指向学生的发展和教师的成长。

学校变革的突破口

学校变革既是我们这个时代的教育呼唤，也是我们这个时代的教育使命。那么，学校变革是从哪里来的？

第一，从学校内部的痛点来。每一所学校都有自己的痛点，每一个校长也都有自己的痛点。在学校办学过程中，痛点就是问题，它往往也是变革的出发点。学校的变革一定是从问题出发，从痛点出发，着眼于学校改进，最终实现学校的转型和提升。

第二，从学校外部的期待中来。变革更多地来自学校外部的期待。作为校长，我们要打开自己，走出去，改变常规环境，打破路径依赖，从学校外部获得新的信息刺激，在自己的舒适区和擅长的领域之外，获得直接的个人体验。只有这种鲜活的体验才能真正触动人心，从而影响人的思维。个人如此，组织也是这样。封闭的组织也需要打开自己,因为它有因循守旧的惯性。组织要保持开放与接纳的状态,不断接受来自外部的新鲜的刺激,让内部与外部保持沟通与交流。比如,作为校长,我们在工作例会上要将不少于25%的时间用于倾听来自外部的相关建议和意见;我们还可以邀请学生、家长、普通教师、专家列席会议。"无论你在哪里都要拉开你的天线"[1],随时随地获取外部信息,发现新的创意。

我们要始终保持对变革的敏感性,避免让自己和管理团队陷入一种虚假的安全感,避免自我感觉良好。比如,作为校长,我们可以想象自己是一名普通教师,走出办公室,到食堂、阅览室或其他一些地方,看看一名普通教师会遇到哪些问题,会有什么样的体验。

我们可以想象自己是一个学生,每天要在这所学校生活8个小时。我们可以体验一下学生的校园生活,看看学生在这所学校究竟是怎么度过一天的,会遇到什么样的问题。

我们可以想象自己是一个家长或外来者,假设我们是第一次来到这所学校,这所学校会给我们留下什么样的印象?

甚至我们还可以想象自己今天刚刚到这所学校当校长,我们到了这样一所新学校,准备怎样改进这所学校的管理?

这些办法很有用。在一所学校工作时间长了,人会有一种麻痹的钝感,或者说视角不再那么敏锐。这些办法可以帮助我们重新打量我们的学校。

那么,我们可以选择哪些方面作为变革的突破口呢?一般来

---

[1] 库泽斯,波斯纳.领导力——如何在组织中成就卓越(第5版)[M].徐中,周政,王俊杰,译.北京:电子工业出版社,2013:137.

说，变革的突破口分为四个方面：第一是课程和教学，第二是教师专业发展，第三是学校治理结构，第四是学校文化建设。当然，这四个方面又可以细分成很多模块。

我们可以从这四个方面中选择一个或几个作为突破口，当然也可以进行全面变革。一般而言，如果是新创建的学校，我们可以选择全面突破；如果是刚接手的老学校，我们可以先选择其中的一个方面进行突破，然后次第展开。我们需要结合学校的校情进行判断和选择。

当然，我们还要结合自己的个性、专长或偏好，选择不同的突破口。比如，选择课程和教学、学校治理结构作为突破口的，一般属于激进型；选择教师专业发展、学校文化建设作为突破口的，一般属于稳健型。前者直奔主题，问题多，见效快；后者在外围作战，见效慢，进程相对平缓，进退的余地也更大。

6. 激励教师的切入口在哪里

领导与管理的核心是激励。在学校中，激励大家一起去达成目标，调动和释放每一个教师的积极性、主动性和创造性，是管理和领导的关键所在。

激励教师的切入口在哪里？调动教师的积极性、主动性和创造性，应该从哪些方面入手？

要回答这些问题，我们先要想一想究竟是什么驱动着人的行动。我读了马克斯·韦伯（Max Weber）的书后，受到很多启发。他认为人的社会性行动有四个方面的理由，或者说四个方面的理性：价值理性、工具理性、情感理性和传统理性。他认为，一个人的社会性行为应该是由这四个方面的理性驱动的，当然有时是某一个方面的理性起作用，有时是几个方面的理性一起起作用。也就是说，人的行为是由理性驱动的。[1] 所以，在激励教师时，我们也可以以这个理论为指导，采取相应的激励策略。

---

[1] 韦伯.社会科学方法论[M].杨富斌，译.北京：华夏出版社，1998：59-60.

价值引领

马克斯·韦伯所说的价值理性，是指人们愿意去做那些具有内在价值的事情。绝大多数人都有向善、向上的内在追求，都希望把事情做好，都追求价值感、成就感和意义感，这是人性的一个方面。作为校长，我们要帮助教师寻找工作的成就感和价值，带着教师重新发现工作的意义。有时候一个人缺乏主动性和积极性，深层次的原因是他觉得自己所做的事情毫无意义和价值。所以，激励教师的第一个切入口是价值引领。

教师的工作是教书育人，是人与人的对话、心与心的交流，是用人格培养人格、以情操陶冶情操。教师培养的是社会的未来、明天的希望。这样的工作本身就带有极高的价值，正如杜威（John Dewey）所说："教师不仅仅是在培养个体，同时还在培养正确的社会生活。我相信，每个教师都应该认识到自己职业的尊严；教师是社会的公仆，被专门从人群中选出来担负维持正当的社会秩序并确保社会健康发展的使命。"[1]

学校管理者的责任是将这些崇高的使命与价值内化为教师自身的追求和愿景，使其成为教师的行动准则，指引教师的行为。北京十一学校提出"创造适合学生发展的教育"的使命，提出"将'十一学生'塑造成一个值得信赖的卓越的品牌，把十一学校建设成为一所受人尊敬的伟大的学校"的愿景，并以此激励广大师生员工，这就是价值引领。通过较长时间的梳理，北京十一学校制定了

---

[1] 杜威. 我的教育信条——杜威论教育[M]. 彭正梅，译. 上海：上海人民出版社，2013: 11.

《北京市十一学校行动纲要》（共 15 章 116 条），内容涵盖教育教学的各个方面。

第 17 条　学生在你心目中的地位有多高，你在学校中的价值就有多大。任何一位老师都可以有自己的个性甚至缺憾，但都不可以轻慢学生、忽视教学；我们可以原谅许多东西，但永远不能原谅的是对学生和教学的轻慢态度。

第 18 条　树立正确的学生观。老师的心目中，不应该有坏学生，只可能有心智发展不成熟的学生；学生成长道路上的错误，就像学习走路的幼儿跌跟头，绝大部分跟道德品质没有多大关系，每个错误都意味着成长，教师要有"祝贺失败"的修养；不要埋怨学生，当教育教学效果不如意时，先检视自己；关注每一位学生，学生对公平的期待远远超出我们的想象，每一位学生都是一个世界，要十分小心地呵护每一位孩子的世界，即使它是不完整的。

这些带有浓浓的教育情怀的语言，既不是规定，也不是制度。在我看来，这个行动纲要是对"学生第一"这个核心价值观的解析，是学校管理的价值准则，是教师的行动哲学，它引领着教师的教育教学行为。每年新教师入职培训的第一节课，就是学习行动纲要，理解学校的核心价值观和行为准则。

从古至今，人们的追求在本质上没有改变。除了物质，还有很多值得人们为之奋斗的事情，关键是我们能不能给人们一个理由，让人们去主动追求。所以，我们要挖掘工作的价值和意义，激发人们的崇高情感，提升人们的精神境界。

需求推动

马克斯·韦伯所说的工具理性是指人们对行动的理性计算，对目的、条件和手段的认真考量和对功利性的权衡。需求是理解人性的一把钥匙，因为人的行为是由需求驱动的。每个人都有需求，我们的管理应该满足人的合理需求。从某种意义上讲，管理人就是管理人的需求。学校管理者应该把需求管理作为一种重要的激励策略。

进行需求管理，首先要发现需求，我们要知道教师的需求是什么。不同的教师有不同的需求，我们先要找到他们的个性化需求，是基本的物质需求、社会性需求，还是更高层次的自我实现和自我超越的精神性需求。我们只有和教师多沟通，增进了解，才能发现他们的个性化需求。

发现教师的个性化需求后，我们要尽可能满足他们的合理需求。教师是知识分子，他们的需求可能更多元、更丰富，或者更接近社会性需求。比如，他们希望得到尊重，得到关怀，得到信任；他们希望获得成就感、实现个人价值等。作为学校管理者，我们应该努力满足和回应教师的个性化需求。如果我们不去了解甚至无视他们的需求，时间长了，就会引发他们的负面情绪和消极行为。

当然，需求管理不仅是发现和满足教师的现实需求，更重要的是引导教师的未来需求，将教师的需求引领到更高层次，同时为教师搭建平台，推动教师的专业发展，帮助其实现个人价值。比如，青岛中学在教师职称制度之外，设置了校内教师职级（分为教学和学术两个发展方向）。这为教师的专业成长提供了更多的平台，也为教师带来了更多的挑战与激励。学校还创建了教育家书院，为不同层次教师的专业成长提供不同的服务,以引领教师的专业发展,培养课堂上的教育家。很多中小学教师出现职业倦怠的原因其实是需求和价值感的丧失。他缺乏需求,也缺乏被需求。有些时候,管理是创造需求。我们要帮助教师重新发现其内心深处潜在的、更高层次的需求,以激活其内动力。

当然,我们还需要把教师的个人需求和学校的组织目标结合起来,将教师的个人发展和学校的愿景统一起来,以实现个人成长和组织发展的双重目标。

情感连接和文化涵濡

马克斯·韦伯所说的情感理性是指情感连接。因为人是情感动物,所以我们要想驱动人,调动人的积极性、创造性、主动性,就得建立情感连接。学校就像一个大家庭,而家庭里面的纽带就是情感。

我认为在所有情感中,信任是非常重要的。作为校长,我们要信任教师,信任下属,信任中层干部。如果我们信任他们,他们也会给我们很好的回馈。

情感具有互动性和累积性。你对他好,他对你会更好,这样人与人之间的关系才会进入良性循环。

作为学校管理者,我们要重视情感的力量,但是我们不可以感情用事,不可以在学校里面搞小圈子,不可以把庸俗的人情关系带到学校。

马克斯·韦伯所说的传统理性是指文化涵濡。这主要指学校文化的熏陶,或者说学校文化的影响。我们要营造一种良好的文化氛围,教师在这样一种文化氛围中会自觉地去做一些事情。当然,文化的形成是一个长期的、复杂的过程,需要长期的培育和积累。但是学校文化一旦形成,就具有潜在的、无形的感召力量,会长久而深刻地影响师生的行为、态度和价值观。桃李不言,下自成蹊,这是文化的力量。

7. 如何真正激励人心

激励永远是学校管理中最重要的话题。要真正激励人心，我们应该真诚地表示认可，让每个人都觉得自己很重要。

用个性化的认可表示肯定

教师和学生对现在学校的很多表彰形式都已习以为常了，可能是因为这些表彰形式千篇一律，成了一种程式化的东西。"那种千篇一律的认可方式让人感觉缺乏真诚、勉强和不受重视。"[1] 如果表彰缺乏真诚，最后它就会演变成一种官僚的程序。因此，个性化的认可非常重要。

我从1992年下半年开始担任马鞍山二中的团委书记。在放寒假的前一天，校长让我去他的办公室，他对我这半年的工作给予了充分的肯定。最后，他从抽屉里拿出两包中华香烟（当时大家戒烟的意识还不强），让我带回老家，过春节的时候与亲友分享。当时我的心情真的是难以言表，我觉得这份认可非常特别，不是每一个人都可以得到。

---

[1] 库泽斯，波斯纳. 领导力——如何在组织中成就卓越（第5版）[M]. 徐中，周政，王俊杰，译. 北京：电子工业出版社，2013: 214.

我不知道其他中层干部是否有这样的待遇。但是我想，如果所有中层干部都在一个会议室里，校长给每个人都发两包中华香烟，我可能就没有这种感觉了。所以，个性化的认可特别能让人记住，让人感受到它的分量。

当然，认可应该发自内心。正如鲍勃·纳尔逊（Bob Nelson）所说："一个适当的人在一个适当的时间向某个员工说几句真诚感谢的话，比晋升、正式的奖励或发一堆证书、奖章都有用。"[①] 只要你的认可足够真诚，发自内心，那你就一定能够打动别人的心。即使一封手写的贺卡，也同样具有很重的分量。

其实，教师特别需要物质和金钱之外的赞赏和奖励，包括一些无形的奖励。比如，我们把更具挑战性的工作交给他，也是表示对他的信任和认可，这同样能起到激励人心的作用。当然，表示认可的方式是多种多样的，我们可以在私底下表示认可，也可以在公开场合表示认可。最好是先私下里表示认可，有机会再在公开场合当众表扬，被表扬的人会觉得我们此前私下的表扬是真诚的。

庆祝活动是公开表示认可的一种形式

作为一种仪式，庆祝活动除了可以庆祝大家的胜利外，还具有许多意义，我们要予以充分重视。

庆祝活动具有仪式感，它让时间的流逝有了意义。时间的流逝是匀速、均质的，无始无终，让人感觉不到它的意义。但如果我

---

① 库泽斯，波斯纳.领导力——如何在组织中成就卓越（第5版）[M].徐中，周政，王俊杰，译.北京：电子工业出版社，2013: 215.

们在某个时间节点组织一些纪念或庆祝活动，就会让这个时间节点很突出，让这一天和别的日子不一样。正像《小王子》中所说："仪式感就是使某一天与其他日子不同，使某一时刻与其他时刻不同。"

特别是在学校里，教师从事的是一种循环重复的工作。比如，小学教师可能要从一年级带到六年级，中学教师可能要从初一年级带到初三年级。这是一个很漫长的过程，这种循环会让人觉得时间的流逝很枯燥，所以我们要用一些特别的仪式来制造一些开始或结束，我们要有学年，学年中间要有学期，学期中间要有学段。我们要制造开始感和结束感，让时间变得有节奏。开学典礼、毕业典礼，各种节日、纪念日，以及各种庆祝活动等，都可以制造这样一种时间的节奏。

当然，庆祝活动的意义还有很多。比如，青岛中学每年年底举行校园狂欢节，不仅仅是让大家庆祝新年，里面还有一种制造平等的意味。狂欢节上每个人都是平等的，教师们戴上面具，化妆成水手或海盗，或者让学生来装扮自己。这种狂欢和装扮，可以制造一种平等——领导与教师之间的平等，教师与学生之间的平等。狂欢节的意义之一就是制造平等。

北京十一学校的教师节也是感恩节，学生感恩教师，教师也感谢学生。在毕业典礼的前一天，学校会举办谢师会，这也是一个感恩活动。北京十一学校每年的新教师入职仪式、功勋教师的庆祝仪式都非常正式，也非常隆重。我在马鞍山二中工作的时候，学校每年都会举行"最受欢迎教师"的表彰仪式。这些公开的、非常有仪式感的庆祝活动，就是公开表示认可的一种形式。

庆祝活动应该体现学校的价值观。当然，并不是只有胜利和凯旋才值得庆祝和纪念，失败、灾难、损失同样值得我们纪念。前文提到的北京十一学校的"道歉日",就是一个很好的例证。

让每个人都觉得自己很重要

作为校长,我们要对每一个教职员工表示认可、尊重和期待,让每一个人都觉得自己很重要。我们对教职员工抱有正向的积极期待时,教职员工的行为就可能会越来越符合我们的期待。这种积极的期待不仅能够深刻地影响他人的行为,也会潜移默化地影响我们看待他人的方式。这会形成一个良性循环:作为领导,我们对下属充满期待,下属的行为表现会逐渐和我们的期待一致,甚至超出我们的期待,下属因此得到正反馈;然后我们有更高的期待,下属有更好的行为表现。这将使一个团队、一个组织走入充满正能量的良性循环。

每个人都渴望得到认可。在工作中,每个人都需要一个坚持下去的理由,才能完成充满挑战性的工作。我们应该认可他人做出的成绩,不要把任何人的贡献看成是理所当然的。

每个人的潜力都是无限的,我们要把它激发出来。我的感觉是,很多教师只释放了 60%—70% 的能量,还有相当一部分潜力没有被激发出来。我们需要通过各种激励手段激发他们内在的潜力和动力。从某种意义上说,领导就是激励,我们的工作就是让每个人充满内动力,让每个人从内心觉得自己很重要。

李希贵校长曾说过,《学生第一》出版之前,出版社问他对书的封面有什么要求,他说封面一定要用十一学校师生的照片,不能用他本人的照片。最后,这本书的封面是 100 多位师生的照片,全校教师的名字都出现在了这本书的扉页上。李希贵校长觉得,这本书是献给十一学校师生的,是大家一起做出来的,所以他要借这种方式表达对他们的认可，让他们每个人都觉得自己很重要。

李希贵校长还有一个规矩，就是学校的所有橱窗上都不允许出现他的照片，哪怕他只是作为背景也不行。他觉得应该展示学生和教师，让师生们觉得自己重要，而校长应悄悄地站在一边。他和教师学生照相时也是这样，他觉得自己随便站在哪里都可以，中心应该留给学生和教师。

8. 如何应对多重角色的挑战

美国的约翰·麦克斯维尔（John Maxwell）写了一本名为《中层领导力——西点军校和哈佛大学共同讲授的领导力教程》的书。这本书并不只是给学校中层领导看的，而是给我们大家看的。因为从某种意义上说，我们每个人都是中层。不管我们担任何种职位，我们都是中层。

在领导面前我们是下属，在下属面前我们是领导，同时我们还有同事，还要面对家长、学生、社会对我们的不同诉求。所以，管理者，特别是中层管理者，面临多重角色带来的挑战。

明茨伯格认为，管理者扮演着三类角色，即人际角色、信息角色和决策角色。人际角色包括名义首脑（figurehead）、领导者（leader）、联络者（liaison），信息角色包括监听者（monitor）、传播者（disseminator）、发言人（spokesperson），决策角色包括创业家（entrepreneur）、故障排除者（disturbance handler）、资源分配者（resource allocator）、谈判者（negotiator）。这三类角色是不能分割的，它们形成了一种角色格式塔（gestalt），但不同角色的侧重点有所不同。

中小学校长要同时扮演多个角色，包括下级的领导、上级的下属、老师的同事、学生的老师、教育圈内的同行、学校的名义代表与象征、社会活动者……这些角色既是分离的，又是统整的，有时是矛盾的，但有时又是统一的。一天之内，校长们要在这些角色中转换、穿越。

那么，我们如何迎接这个挑战呢？我把我的想法概括为八个字：本色做人，角色做事。本色做人，指我们在角色转换中不改变自身的价值观；角色做事，指我们要保持一定的灵活性，履行好每个角色的职责。也就是说，我们对人对事的态度和言行举止应该是相互统一的，我们不能刚刚在领导面前点头哈腰，转身在下属面前颐指气使。

我们扮演不同的角色，意味着我们担负着不同的责任。转换角色只是切换责任系统，而不是转变人格。作为校长，在面对家长、学生、下属时，我们不能觉得自己高高在上；在领导面前，我们不能卑躬屈膝。我们的言行举止应该是统一的、一贯的，这样才能保证身心的完整，否则我们自己就分裂了。所以，我们要以完整的角色格式塔来统率这多重的角色，以防止角色错位、人格崩裂，从而保持自我人格的统一与完整；我们要有正确而恰当的角色定位，有内心的坚定与持守。

家长的需求、领导的要求、社会的期待、下级的诉求各不一样，有些甚至是相互冲突的。我们应如何面对这些冲突，如何平衡各方的诉求？

一位校长画了一个校长的多重角色图：校长在学校的中心，上面是领导，下面是教师，左边是学生，右边是家长，周围还有社区等。校长处在整幅图的中心，各方的诉求都聚焦于校长。校长面对不同的诉求时，扮演着不同的角色。毫无疑问，校长的角色是多重的，如何协调多重角色，如何处理多元诉求，是一个难题。

对此，我的建议是，将这幅图的中心换一下，把学生放在这幅图的中心，把校长从这个中心移出来。在原来的图中，校长是中心，多方利益诉求都指向校长；现在学生是中心，各方的诉求都服务于学生的成长。将校长从这个矛盾焦点中移出来后，我们就可以整合各方利益诉求，调动各种办学资源，为学生的成长服务。

这并不是一个画图游戏，本质上是变换认知模式和价值立场。作为校长，我们在处理多重角色和多元诉求时，关键的原则就是坚持学生立场，一切为学生着想。我记得李希贵校长曾说过，当你真的是为学生考虑，站在学生的立场，以学生为中心的时候，整个世界都会为你让路。

9. 如何理解领导力的本质是影响力

我经常听人说:"我要是校长,我也能有领导力,可惜我只是个中层干部,当然不可能有领导力。"这是对领导力的片面理解。

领导力本质上是一种影响力,而不仅仅是职位赋予的权力。"影响力永远是领导力的核心。"[1] 领导力无处不在,但和职位毫无关系。我们可以在任何职位上领导他人。职位无法塑造个人,个人却可以塑造职位。

理解领导力的本质是影响力,第一要弄清楚领导和管理的区别,学会从管理走向领导;第二要弄清楚领导力是从哪里来的。

从管理走向领导

领导和管理的区别是相对的。作为校长,我们既是管理者,又是领导者。在我们身上,这两种角色很难截然分开。为了方便讨论,我们可以从以下几个方面来描述管理与领导各自的侧重点。

第一,管理主要是做事,以事为主;领导主要是关注人,先人

---

[1] 麦克斯维尔. 中层领导力——西点军校和哈佛大学共同讲授的领导力教程 [M]. 施轶, 译. 南京: 江苏凤凰文艺出版社, 2015: 13.

后事。如果你在学校里的着眼点一直都是事，那也许你主要是在管理；如果你的着眼点是人，你可能就是在领导。

第二，管理侧重的是方法论，领导侧重的是价值观，或者叫世界观。管理者思考的主要是如何把事情做好，他更多地考虑具体的管理方法；领导者思考的主要是为什么要用这种方法，而不用那种方法，他更多地考虑方法背后的原则与价值观。

第三，管理者更多地考虑过程，考虑计划、组织、协调、控制，考虑怎么一步一步把事情做好；领导者更多地考虑方向，考虑组织往哪里走的问题。

第四，管理者更多地考虑战术，领导者更多地考虑战略。作为校长，我们应该考虑学校的战略是什么，包括人才战略、课程建设、文化建设等。

第五，管理主要是控制和协调，领导主要是感召和引领。管理者更多地使用职位赋予的权力；领导者更多地使用软实力，将感召力和影响力作为主要手段，而较少采用权力和控制的手段。

最后，正如管理学书中常常提到的那样，管理是把事情做正确，领导是做正确的事。领导者考虑什么事是正确的（right），而管理者考虑怎么样把这个正确的事做好（good）。

所以，在讨论领导力之前我们首先应该对照一下，看看目前自己主要是处在管理层级还是领导层级。当然，这种区分也不是绝对的，因为这二者无法截然分开。我想说的是，作为校长，我们不仅要学会管理，注重管理的方法、过程、战术等，而且要更加注重上位的事，包括方向、战略、价值观等，从管理走向领导。

领导力是从哪里来的

约翰·麦克斯维尔写过一本书，叫作《领导力的5个层次》。他认为领导力分为五个层次：职位、认可、业绩、人才培养、人格魅力，这五个层次就是领导力的五个来源。

第一，领导力来自职位，职位会带来制度性的权力与影响力。如果你是校长，那么你就拥有了校长职位赋予你的领导力。这种领导力的本质，就是我们通常所说的权力。这种基于职位的领导力似乎和校长本人关系不大，任何居于此职位的人都能获得相同的领导力。同样，你的领导力也会随着职位的改变而改变。如果有一天你不再做校长了，你就不再有这个领导力了。

第二，领导力来自教师的认可。作为校长，如果你关心、尊重教师，以人为本，大家便会喜欢你、认可你，愿意服从你，这是基于关系的领导力。但是，如果长期得不到发展和成长，大家也会心生不满，所以这种领导力难以持续。

第三，领导力来自业绩。如果你做出了很多成绩与贡献，大家跟随你能获得专业成长，取得成功，那么大家就会信服你、依赖你。这种领导力相对来说比较稳固。

第四，领导力来自人才培养。如果你真心培养他人，为他人的成长付出，那么你会因此获得大家的感恩和追随，获得领导力。

第五，最高层次的领导力来自人格魅力。如果你能不断超越自我，达到很高的境界，人们会因心生敬佩而真心追随你。这是人格魅力的力量。

校长的领导力可以分成三个层面。

第一个层面是人际领导。我们要构建良好的人际关系，依靠自身做人做事的良好品格赢得别人的信任。第二个层面是专业领导。

在教育教学方面,我们要有想法、有办法,教师跟着我们能做出业绩来。第三个层面是文化领导。作为校长,我们要带领教师共同描绘学校的愿景,确立正确的教育价值观,以观念和文化的力量潜移默化地影响大家的信念和言行,共同完成教育的使命。这种影响力是持久的、潜在的,也是最有力量的。

10. 如何向上领导

　　向上领导，就是领导我们的领导，或者说领导我们的上级。这太重要了，但是也太难了，而且我们往往没有这个意识。在我们以往的思维中，所谓的领导和管理，一般是指领导和管理下级，怎么能领导、管理我们的上级呢？

　　其实，这非常重要。向上领导就是影响我们的上级，让上级用他的资源来帮助我们，因为上级站位更高，看问题也更全面，同时也拥有更多的资源。因此，如何影响我们的上级，让他帮助和支持我们管理学校，是学校管理中一个重要的问题。

向上领导最重要的是什么

　　首先，我们要像领导一样思考。这不仅仅是换位思考，而是要站在更高的位置上更全面地思考问题。领导考虑问题，更具大局观和多元视角，也更加全面。下一级管理者考虑问题可能更为本位，考虑的面可能更窄。所以，当我们考虑一件事时，大局观就显得很重要了。我们只有像领导一样思考，才可能提出更全面、更适切的意见和建议，也才可能更好地影响我们的领导。

　　第二，我们要为领导增值和减负。我们要发挥自己的价值，帮助领导获得成功。我们要主动去做别人不愿意做的事情，做难做的事情。而且，做了事之后我们要保持低调，不要去炫耀。

第三，我们要了解领导的工作。我们要了解这半年或者这一年中，领导的工作重点是什么，最近的工作目标是什么，他最犯难的事是什么，最关心和最烦心的事又分别是什么，然后想一想，我们能够为这些事做点儿什么。

第四，我们要了解领导本人，这也很重要。比如，我们要了解领导的优势是什么，缺点是什么。了解他，对我们更好地适应他的领导很有帮助。

我们还要了解领导的偏好，了解他的工作方式和工作习惯。德鲁克（Peter Drucker）认为，按照工作方式的不同，领导者分为两种，一种是听者型，一种是读者型。听者型领导喜欢听汇报，更愿意听下属当面说。通过倾听，他能特别敏锐地了解信息、思考和判断。读者型领导更愿意阅读，喜欢看书面的汇报。通过阅读文本，他能快速抓住重要的信息。这两种方式并没有高下之分，只是个人偏好不同而已。

了解了领导的工作方式和工作习惯，我们汇报工作时就会更有针对性。如果我们的领导属于读者型，我们就多给他一些备忘录和书面材料，少说为妙；如果我们的领导属于听者型，我们就不需要给他准备很多文字材料，而是要和他当面交流。如果我们反着来，结果就可想而知了。

第五，我们要和领导建立信任关系。首先，我们要知进退，不要越位，这是管理者的实践智慧。其次，我们要在公开场合表达对领导的忠诚。再次，我们要适应领导的性格，但又要坚持自己的原则。我们要敢于谏言，善于进言，给他提有建设性的意见。最后，我们要学会用领导的语言去说话。特别是领导不在场的时候，我们用领导的语言去说话，更容易赢得领导的信任。

向上领导我们需要注意两点。第一是绝对不要轻视领导，不要因为他有缺点和不足，就有意无意地轻视他。领导即便有不足，也一定有过人之处。如果你轻视他，并且有意无意地表现出来，一旦他看穿了你，那他也会这样对待你，你可就犯了大忌讳了。

第二是绝对不要让领导感到意外。我们分管的事，要让他掌握大致的进程。无论是发生了好事还是坏事，我们都要及时汇报，让他有心理准备。不要让领导受惊，也不要给他惊喜，要及时告诉他实情，让他有安全感。

当然，沟通也是有学问的。最差的沟通就是大事不汇报，小事天天报。关键的事没有及时向领导报告，那些鸡毛蒜皮的事却天天跟他说，这样的沟通是无效的，甚至是负效的。还有一种沟通也要尽量避免，那就是报喜不报忧，我们应该告知实情，全面客观的沟通才是有效的沟通。

向上领导最难的是什么

我认为，向上领导最难的是以下几种情况：第一，我们的上级是一个很平庸的领导；第二，我们的上级是我们很不喜欢的人；第三，我们的上级是一个很不道德的领导；第四，我们的上级特别善变。

如果我们的上级很平庸，我们要尽量寻找他的闪光点。作为领导，我们的上级一定有过人之处。我们要善于发现领导的过人之处并在公开场合表达我们的肯定。我们的上级越平庸，我们越要让他感觉自己重要。实际上，"你的领导能力越强，碰到能力欠佳上司的概率就越大"[①]。

如果我们的上级是我们特别不喜欢的人，我们该怎么做呢？我们首先要明白，自己不喜欢的领导不一定就是不称职的领导。面对不喜欢的人，最关键的是要把个人关系和工作关系区分开来。我们不喜欢他可能只是因为个人关系。但是，他是我们的领导，我们是他的下级，工作关系要处理好。虽然我们不喜欢他，但这并不影响我们的工作。因为我们不是为他工作，我们是为学生工作，为教师工作，为学校工作。

我们可以和上级保持一定的距离，交往主要集中在工作上。其实，只要价值观相同，目标相同，即使性格不合，或者说互相看不惯，也能一起把事情做好。往往性格相近的人在一起也容易产生问题。我们要善于和自己不喜欢的人打交道，善于和与自己不一样的人打交道。

其实，最难的一种情况是，我们遇到了不道德的领导。我所说的不道德，包括下面几种情况：他不称职，他所做的决策经常是错误的；他不仅存在能力问题和水平问题，还存在工作作风问题，比如重用小人、听信传言、拉帮结派、重视个人名利等。当然，在现实中，我们一般很少遇到这样的人。但是如果我们真的遇到了这样的上级，我们应该保持自己的原则和价值观。有些时候我们可能要做一些妥协，但一定是在一定原则范围内的妥协。

如果我们不幸遇到了和自己的价值观完全相反的领导，那我们就得耐心等待。来日方长，不能做事我们就多读书、多运动。很多

---

① 麦克斯维尔.中层领导力——西点军校和哈佛大学共同讲授的领导力教程[M].施轶，译.南京：江苏凤凰文艺出版社，2015: 38.

时候，领导总是比他的下属更早地离开他的舞台。

在工作中，我们还会经常遇到特别善变的领导。他今天这样说，明天那样说，昨天跟我们说过的事，也许过两天他又有了新的主意。

这样善变的领导太多了。我的建议是，面对善变的领导，当他第一次告诉我们怎么做的时候，我们先等一等；等他第二次再说的时候，我们要好好想一想这样做是不是对的；如果他第三次还这么说，那好了，我们要认真落实。特别是那些拿不准的事情，我们更应该慎重思考一下。

作为中层管理者，我们要研究学习如何与上级打交道，如何领导和影响上级，让他为我们的工作提供更多的资源和支持。向上领导是一种非常重要的领导力，但也是很难的一件事。如果我们能有意识地向上领导，我们就达到了一个很高的管理境界。

11. 如何实现横向领导

作为管理者，我们都知道一个常识：任何时候工作都不是由一个人单独完成的。管理者的一个重要职能就是协调。我们要想把事情做好，一定需要别人的支持，需要团队的力量，也就是需要横向领导。

横向领导就是领导自己的同级。如果我们是学校的中层，其他中层干部就是我们横向领导的对象；如果我们是副校长，其他副校长就是我们横向领导的对象；如果我们是校长，那其他兄弟学校的校长就是我们横向领导的对象。

横向领导很困难，因为我们没有任何权力资源，可以让我们领导同级的人。而且，在学校中，同级之间的关系非常微妙，我们如果做得好，别人可能会嫉妒我们；我们如果做得不好，别人可能会轻视我们。

我觉得，横向领导的关键就是建立和维护一种关系。我们若和同级之间有良好的关系，就可能影响他。我们可以用交朋友的态度去处理与同级的关系。

重新定义关系

管理学本质上是关系学。因为人是社会关系的总和，每个人都是社会关系中的一个节点，所以管理最重要的是建立并维护各种关系。关系的建立和维护，一般有几个基点：情感、需求和利益、价值认同。

我们在处理与同级的关系时，也可以从这几个角度切入。第一是建立良好的情感关系。人是情感动物，非常珍视建立在个人情感基础上的关系。第二是发现对方的需求和利益，建立一种基于需求和利益的关系。古人说"君子不言利"，但基于需求和利益的关系其实是符合人性的。我们反对那种庸俗的人际关系，但是可以将需求和利益作为建立关系的起点。很多关系一开始是基于某种需求和利益，后来才发展成基于感情或共同价值观的关系。第三是寻找价值认同。我们要让同级了解我们的价值观，同时我们也要去了解他们的价值观，寻找我们的同道，赢得别人的认同。基于共同价值观的关系是比较长远和稳定的。

如何建立和维护与同级的关系

第一，要正直。横向领导的本质是处理与同级的关系，其中关键的一点就是我们为人要正直。当我们看到同级遭遇不公正的对待，而我们也不希望这种事发生在自己身上时，就应该挺身而出，为同级说话，而不管这个同级是朋友还是对手，是不是自己喜欢的人。如果我们能够在这种关键时刻站出来说句公道话，我们就能赢得别人的尊重。

第二，要真实。我们在建立和维护与同级的关系时，一定要以真实的自我与他人交往。不要假装完美，要勇于承认自己的错误，敢于展露自己的缺点。真实具有一种力量。有一句话说得好："你的优点是你存在的理由，你的缺点是别人存在的理由，你的不完美能够给别人带来快乐。"世界上不存在完美的人，完美只是一个概念，不是一种现实。与人打交道时，真实是非常重要的品质。一个掩盖自己的人，很有可能不受别人欢迎。作为领导，我们不仅要在同级面前保持真实，在下级面前也可以适时展露自己的弱点。有时候这也是一个很有效的武器，真实能让你变得更可爱。

第三，要真心。我们要真心帮助他人成功，为他人增值，同时学会为他人的成功投资。我们还要学会共赢，在竞争与合作中找到平衡。我们与同级之间一定会有竞争，但也会有合作，我们要在二者之间寻找平衡点。同级之间的竞争底线是保证团体利益，团体利益第一，违背团体利益的竞争是不恰当的竞争。我们要寻找共同利益，站在对方的立场上考虑问题，并在保证共同利益的前提下维护与同级之间的关系。

第四，要美言。我们在领导或别的同事面前一定要为同级美言。背后的赞美更有力量，当然这应该是发自真心的。传递赞美，有助于形成良好的团队文化。如果每个人都经常在背后赞美自己的同级和同事，而不是相反，那么，久而久之，我们这个团队就会充满正能量，形成一种非常健康的文化。

第五，要使用黄金法则。黄金法则是指我们希望别人如何对待我们，我们就如何对待别人，就像孔子所说："己所不欲，勿施于人。"黄金法则是符合人性的。我们希望别人帮助我们，我们就要多帮助别人。帮助别人其实就是在投资，就是在存款，存一笔人情，存一笔资源，这样在我们需要帮助时，别人也会慷慨相助。

提升和拓展自己的人脉圈

我们要建立"个人董事会"，也就是自己的核心关系圈。作为学校管理者，我们可以捋一捋，目前自己最核心的关系圈、人脉圈是什么状况。然后想一想，为了帮助自己更好地办学，我们希望建立一个什么样的核心关系圈。我认为，"个人董事会"里既应该有知心朋友和教育行业中的佼佼者，也应该有跨界的朋友；既应该有师长辈的忘年交，也应该有年轻的朋友。当然，建立这样的核心关系圈，目的一定是为了学校的工作。

谋划出来以后，我们就要考虑如何建立和维护这样的核心关系圈。关系的核心是需求。要让这些人成为我们的核心关系，我们首先必须从对方的需求出发，这是建立关系的一个很重要的切入口。当然，需求关系仅仅是一个开始，我们和这些人应该有共同的目标，或者共同的价值追求。同时，我们要帮助对方实现目标，将需求关系发展成同盟关系和关键关系。

维护关系需要经常保持联系，要让对方成为我们的最近联系人，也让我们成为他的最近联系人。还要重视间接关系，很多关系都是通过间接关系发展出来的。在网络时代，我们可以通过间接关系发展与任何人的关系。如果我们见不到一个人，我们可以读他的书，他也就成了我们核心关系圈中的人。同时，我们也要学会放弃一些关系。

一个人的水平是与其交往最密切的五个人水平的平均值。也就是说，我们核心关系圈里的人，决定了我们品位的高低，也决定了我们价值的高低。

12. 如何更好地向下领导

我们一般所说的领导和管理，通常是指向下领导和管理。要更好地实现向下领导，我们必须坚持以下几个原则和策略。

先人后事，以人为本

作为学校管理者，我们首先应关注人。我们要先关注人，再关注事；或者说主要关注人，次要关注事。关注人还是关注事，是领导与管理的重要区别之一。先人后事，是领导者的重要尺度和原则。

1989年我刚参加工作的时候，一个老领导问我："一个人应该七分做人、三分做事，还是三分做人、七分做事？"我告诉他，当然是七分做事、三分做人。当时我只有21岁。老领导说："当年我像你这么大的时候，也有一个老领导问我这个问题，我也是像你这么回答的。但是我现在认为，应该是七分做人、三分做事。"

当时我内心并不赞成他的话。我觉得一个领导，应该将主要的时间用来做事。30年过去了，我现在也到了当年他的年龄，想想当年的这场对话，似乎也颇能理解和赞同他的说法。

确实，作为学校领导，我们应当将主要精力和主要时间用于带领大家去做事，而不仅仅是自己去做事。自己做事可能又快又好，但我们要知道，那可不是领导行为，甚至也不是管理行为。领导就是带领大家做事，如果什么事都是我们自己去做，时间长了，我们的领导力得不到提升，我们下属的做事能力也得不到提高。我们经常开玩笑说，一个家庭里如果有个勤快的妈妈，可能就会有一个懒惰的孩子。因为妈妈做事情又快又好，孩子就没有机会做事了。相反，一个懒惰的妈妈可能会有个勤快的孩子，因为妈妈好多事都放手让孩子做，孩子就被培养出来了。所以，作为学校领导，如果你特别习惯于自己做事并以此为荣，那你可能不太适合做高层管理者。

有的校长可能会说，我们学校小，行政干部人数有限，我不做谁做呢？我并不是说领导不做事，而是说即使别人没有我们做得好，我们也应该带领大家一起去做事。

先人后事、以人为本的第一个方面是关心人。我们要了解、发现教师的需求，帮助教师解决困难，做一个有温度的领导。北京十一学校的数学教师潘国双倾心于数学课程研发，写了50多本数学读本。他在接受采访时说："我们校长对我太好了，我要是不认真做事，就觉得对不起他。"十一学校的教师们说，李希贵校长不仅关心他们的工作，也关心他们的生活。教职工的孩子参加高考，他会热心过问，甚至参谋指导孩子们填报高考志愿；教职工的孩子毕业了，他会主动帮助联系工作单位；教职工的亲属生病了，他会帮助联系医院。他是真心关心人，让教职工们很感动。

先人后事、以人为本的第二个方面是激励人，包括激活教师的内动力，激发教师的主动性、积极性和创造性。激励是领导和管理的核心，作为校长，我们要问自己：我们靠什么来调动教师的主动性、积极性和创造性？除了物质激励外，我们还有哪些方法和手段？这些是提升领导力最重要的课题。

先人后事、以人为本的第三个方面是培养人。培养人的过程就是为下属增值和赋能的过程。如何培养人这个问题，我们将在下面专门讨论。

注重过去与管理未来

注重过去是指我们要引导大家回望过去，总结学校走到今天经历了什么样的历程，有过哪些辉煌。任何一个组织中的成员都需要安全感和归属感，安全感和归属感从哪里来？我觉得是从组织的历史中来。

正像《中层领导力——西点军校和哈佛大学共同讲授的领导力教程》中所说："只谈过去不会给未来带来希望，因此你一定不愿在此流连。但是如果忽略过去，那就无法将员工和企业的历史联系起来。如果重视过去，尊重为你今日的成就打下基础的人，那你就认可了他们为这些成绩做出的努力和牺牲；也能为刚加入进来的新成员增强安全感，让他们意识到自己是团队的一分子。如果人们回忆过去，那么他们会更加注重追求未来。只要将过去、现在和未来统一起来，你就能在传递愿景时得到动力和连续性。"①

如果你是学校的新任校长，你一定要注重学校的历史，尊重过去。你可以带领大家一起梳理和回顾：学校经历了哪些重要的发展阶段，有哪些重要的节点？在发展的过程中，学校有哪些关键人、关键事？我们要认可那些为学校做过贡献的人，并传承他们的精神和文化。这不仅能让我们从学校的历史中汲取前行的能量，也能让

---

① 麦克斯维尔. 中层领导力——西点军校和哈佛大学共同讲授的领导力教程 [M]. 施轶，译. 南京：江苏凤凰文艺出版社，2015: 233.

新加入的成员增强安全感和归属感。

管理未来很好理解，就是用未来的愿景去激励人。愿景分为两种，一种是组织的愿景，即学校或者团队愿景；另一种是个人愿景，即个人的梦想。我们应该思考，如何把个人愿景和组织愿景结合起来，如何把个人目标和组织目标结合起来。

当然，愿景并不是目标，它是目标实现时的那个画面，比目标更吸引人。我们要善于创造学校的共同愿景，然后用这个愿景激励教师。我们还要善于将教师的个人梦想编织到学校的共同愿景中。如果没有未来，一个组织或团队是走不远的。作为学校的管理者，我们应该带领教师描绘未来，共创未来。

信任与自信

作为校长，我们要给教职员工充分的信任，以唤醒他们的自信，激发其内动力。一个人被信任的时候，会变得更加自信，他的潜能就有可能被发掘出来。因此，为下级特别是年轻人赋能，首先要给予其充分的信任，以增强他们的自信。

1989年我大学毕业后在马鞍山二中教授初中历史。当时初中历史课程的设置是，初一两个学期教授中国古代史，初二上学期教授中国近现代史，初二下学期教授世界史。我觉得将中外历史混编在一起进行教学，效果会更好。特别是如果学生能在世界历史的空间维度中学习中国近现代史，就能更好地理解中国历史的进程，进而形成大历史观。在上了一学期的课之后，我给当时分管教学的汪延茂副校长写了一封信，谈了我的设想。

汪校长非常支持我的想法，他当时正在进行物理教学改革，他鼓励我先在一个班进行试验。我重新编排了教学目次，重新组织了教学内容，其实就是重新开发这门课程。汪校长给了我很大的支持，并且利用在北京开会的机会，向人民教育出版社的苏寿桐先生汇报了我的教学改革。20年后，我国高中历史教材正是用这种中外历史合编的方法编写的。

当年，学校领导这么信任我这个刚刚大学毕业的新老师，的确让我终生难忘。在我的教育生涯中，也正是很多这样的信任激励着我在教育教学上不断探索，不断前行。

我一直认为，信任是人与人之间最高尚的情感之一。从某种意义上讲，信任与被信任甚至超过了爱与被爱，爱有可能是自私的，也有可能是偏爱、溺爱，而信任是纯粹的、利他的。被爱的人会产生幸福感，被信任的人其内动力会被激发出来。

培训和培养

培训和培养有什么区别呢？培训是着眼于事情本身，目的是告诉下属怎么把事情做好；培养是着眼于人本身，目的主要是提高人的能力。

培训一个人，我们主要是着眼于事，希望他将这件事办好，我们不希望他犯错。而培养一个人，我们可能会允许他犯错误，希望他能从错误当中学习很多东西，获得成长。

培训一个人，我们一定是既给他问题，也给他答案，告诉他方法和路径。而培养一个人，我们可能只给他问题却不给他答案，我们希望他自己找到答案。也许他找的答案不一定是最好的，但他是在成长。

培训一个人，我们可能给他一个任务。而培养一个人，我们可能给他一个项目，而不只是一个任务。任务多是一个具体的事，项目则是一个系统工程。他能够在完成这个项目的过程中提升创造力，同时学会很多东西。

培训一个人，可能是因为我们不太相信他，认为他做不好这件事。而培养一个人正好相反，因为相信他，我们才去培养他。

可见，培训和培养的出发点和落脚点是不一样的。作为校长，我们要培养而不仅是培训下属，为下属赋能。培养人的最高境界，是培养人去培养人。我们要让下属也有这样的意识和能力，这样我们的领导力就能延续了。

1998年，上级任命我为马鞍山市成功学校校长，当时我只有30岁。这是一所由马鞍山二中的原初中部改制而成的学校。在这所学校，我和同事们进行了很多探索：建立扁平化的管理模式，以3个年级部为学校的管理实体，其他部门全部转变为服务性机构；实行每班40人的小班化教学；改革外语教学模式；等等。现在看来，当时我是初生牛犊不怕虎，敢想敢试。虽然我也犯过不少错误，走过不少弯路，但也学到很多，获得了成长。回头来看，很敬佩领导的格局和境界，也很感谢当时的领导对我的信任和培养。感佩之心，与日俱增。

自由和责任

为下级赋能，首先要给他自由，自由才能自主，自主才有创造力。有人说，金字塔不是由奴隶建造的，而是由自由人建造的。第一个做出这种判断的人是一个瑞士钟表匠。1536年他因反对罗马教廷的刻板教规被捕入狱。在那个失去自由的地方，他发现无论怎样努力，自己制作的钟表日误差都难以低于1/10秒。可是，入狱前他在自己的作坊里能使钟表的日误差低于1/100秒。为什么会出现这种情况？起初，他把原因归结为制造环境，但他出狱后才发现，真正影响钟表准确度的是制作者制作钟表时的心情。

他由此推断，"金字塔这么大的工程，被建造得那么精细，各个环节被衔接得天衣无缝，建造者必定是一批怀有虔诚之心的自由人。很难想象，一群有懈怠行为和对抗思想的人，能让金字塔的巨石之间连一片刀片都插不进去"①。这就是自由的价值。

所以，要想给下级赋能，提高他的能力，一定要让他有自由的空间，有实践的机会。不给自由和权力，只需要他负责，显然是不恰当的。人的能力一定是在实践中提高的。

当然，与自由匹配的是责任感。自由和责任是相互联系的，人越是有选择的自由，就越要更好地承担自己的责任。责、权、利应该是个等边三角形。

《领导力——如何在组织中成就卓越》中关于如何给下属自由和责任的论述很有参考价值："让你组织中的每个人都有一个服务对象。这个服务对象可以是内部的或外部的，但每个人都要清楚自己服务的是谁。在所有层级加大签字的权力；消除和减少不必要的审批流程；废除一切可以废除的规章制度；减少常规工作的数量；尽量使常规工作自动运行；鼓励用创造性的方案解决问题；更大范围地界定工作，安排项目而非任务；在工作方法上提供较大的自由度；等等。"②

给下属自由和责任还有一个很好的方法，就是在学校里尽可能

---

① 刘燕敏.平和的心是金[J].读者，2005（16）：1.

② 库泽斯，波斯纳.领导力——如何在组织中成就卓越（第5版）[M].徐中，周政，王俊杰，译.北京：电子工业出版社，2013：192.

多地建设小组织和微组织，再赋予这些小组织更多的自由和责任，便能更好地调动下属的积极性和创造性。

在北京十一学校，年级组、学科组、甚至每一位教师都有相当大的自主权。比如，教师可以自己在学校选定的商家网店上选购办公用品（在一定金额范围内），商家即时配送到位。学校统一购买配置的办公用品不一定符合教师们的个别化需求，容易造成浪费。让教师自己选购，既提高了办公用品的适切性，也节约了资金，减少了浪费。

在青岛中学，教师可以自己选购满足教育教学需求或者适合学生们阅读的书籍（在学科预算范围内）。我们把这些书放在教师的学科教室中，书的所有权属于学校，使用权属于教师和学生。北京十一学校图书馆开展的"你买书，我买单"活动，其实就是借助教师的眼光来帮助学校图书馆选购图书。

在青岛中学，所有学科教室的装备布置都是由教师自主决定的。教师在一定的资金范围内，自主选购。我们有这样一个理念，那就是将资源配置权交给资源的使用者。

"当你放弃权力时，你就更有权力。"[1] 这是权力的悖论。如果我们希望追随者有较高的绩效和主动性，就必须提前设计好工作的自由度和选择范围，让他们有权采取非常规行动，有权独立判断，有权在不询问他人的情况下做出决策，这样才能将他们的创造性、主动性和潜能从刻板的规章和流程中解放出来。从某种意义上说，管理就是解放。有了权力后，人们的创造性、主动性和潜能就会被

---

[1] 麦克斯维尔.中层领导力——西点军校和哈佛大学共同讲授的领导力教程[M].施轶，译.南京：江苏凤凰文艺出版社，2015: 184.

激发出来。我们给下属自由，他可能会还我们一个惊喜。

在青岛中学，每位教师的学科教室的布置都是不一样的，各具特色。可以说，每位教师的潜能都被释放出来了。学校给了他自主的空间，给了他自由的权利，他就有责任、也有资源去把学科教室布置好。

校长如何从烦冗的事务中解脱出来
如何理解"一切成果都存在于组织之外"
校长如何管理自己的时间
校长如何化解工作中的压力
如何在学校内部建立良好的人际关系
学校管理者如何进行正确的自我认知
如何让平凡人做出不平凡的事
如何做到要事优先
…………

中篇

校长要站在教育的外部来思考我们的教育、教学和管理的目的，思考为谁培养人、培养什么样的人、怎样培养人的问题。作为学校的管理者，校长要站得高一点儿，眼睛朝外看，打开学校，打开自己，让学校与社会相通，让自己与外部相连。

13. 校长如何从烦冗的事务中解脱出来

校长如何从烦冗的事务中解脱出来？我想以自己的研究案例来谈一谈。

我从1998年开始做校长。和很多校长一样，我不知道自己的时间去哪儿了。我每天忙忙碌碌，但一年下来，又似乎不知道自己做了什么。

2011年我做了一个自我研究，将每天的工作按照时间维度记录下来，看看自己每天到底做了哪些事情，花了多长时间。

我是从2011年10月18日开始记录的。我一般是以一个事件的开始和结束的时间节点，作为记录的窗口。本来想记录100天，中途发现一边工作一边记录很难坚持，最后做了45天的记录就结束了。

后来，我对这些记录做了统计分析。这45天中有33个工作日，工作时间最长的一天是9.4个小时，最短的一天是4.3个小时。加上加班和工作性的接待，平均每个工作日的工作时间是9.69个小时。

可以看出，一个中学校长的工作时间平均每天在8个小时以上。工作的强度也比较大，最忙的时候，校长可能要连续性地工作，少有间隔和休息。在一天之中，校长要处理完全不同的事情，在不同的事务中切换思维。因为校长担负着多重角色，所以事务也是多样的。有的工作是计划内的，有的工作是临时的、偶发的；有些工作是自己主动安排的，有些工作是被动接受的。

这个统计分析揭示了校长忙碌的工作状态。正如德鲁克所说："如果我们从工作的情形来替管理者下一个定义，我们简直可以说他是组织的囚徒。"[①]"管理者的时间往往只属于别人，不属于自己。"[②] 另外一位管理学大师明茨伯格曾开玩笑地说："我们应该给管理者一个新的定义，管理者就是专门会见来访者，方便和帮助别人完成工作的人。"明茨伯格的意思是，管理者的任务就是坐在办公室里，忙忙碌碌地接待人，帮助别人工作。这样的工作包括很多琐碎的事务，甚至可能是一些表面性的事务，却占据了校长大部分的时间。

统计分析以后，我做了一些反思，得出的结论之一就是要避免陷入事务的泥潭。

第一，要学会授权。能让别人做的事一定要让别人去做。当然，别人去做可能不如我们自己做得好。但正如张瑞敏所说，假如一件事情你自己做可以做到100%，你交给别人做，只要他能做到80%以上，你就应该让他去做。

授权既是培养人的重要途径，也是对被授权人表示信任。当然，授权也有条件和限度。首先，我们对工作掌控的力度，决定了授权的宽度。其次，我们所授权的对象的工作能力决定了授权的效度。最后，授权于人，就一定要信任人，用人不疑，授权本质上就是授予信任。

授权不仅仅是一种工作方式，还是一种重要的激励手段。当年

---

①② 德鲁克.卓有成效的管理者[M].许是祥，译.北京：机械工业出版社，2018：12.

我在马鞍山二中做校长时，将财务审批的权力逐步交给副校长。开始时额度只有500，后来是1000，再后来是5000，最后全部费用由他来审批。我可以超脱一些，但仍然保留对财务的监督权。当我们真正信任一个人的时候，他会很好地把控和运用相关权力。现在在青岛中学，我只保留每年一度的预算审批权，将预算内的日常财务审批授权给财务总监。

如果你事必躬亲，过多干预，将下属的工作扛在自己的肩上，不仅自己很累，也可能会破坏学校文化。久而久之，下属不仅失去了工作的主动性和积极性，还得不到实践、锻炼的机会。正如德鲁克调侃的那样，"人常常会有高估自己的重要性的倾向，认为许多事非躬亲不可"[1]。管理学中有一个著名的猴子理论，这个理论把工作比喻成猴子，有些管理者常常背负很多下属的猴子，导致自己坐立不安，反而影响了自己的正常工作。校长应该警惕，努力避免背上下属的猴子。

第二，要分清工作的轻重缓急。专注于最重要的事，用最主要的时间做最重要的事，这是一个非常重要的原则。我们在工作时，往往将主要的时间用于应急，但是急事并不一定都是重要的事。如果我们总是优先处理急事，那么当我们处理完一件紧急的事后，次紧急的事立即上升为最紧急的事，我们就永远是在应急，一直处于应急的状态。

要特别注意的是，优先处理急事往往是一个陷阱，紧急的事可能只是具有"表面性的压力"。当我们迫于表面性的压力做事时，

---

[1] 德鲁克.卓有成效的管理者[M].许是祥，译.北京：机械工业出版社，2018: 46.

就有可能耽搁重要的事。我们看起来忙忙碌碌，处理事情的效率也很高，但却不一定有管理效益。

第三，要后退一步，以更高、更远的视角来思考问题。我们关注当下，但更应着眼于长远；我们关注细节，但更应着眼于全局；我们关注策略和方法，但更应注重战略；我们注重过程，但更应注重目标和方向。正如古语所说，"不谋万世者，不足谋一时；不谋全局者，不足谋一域。"

学校里的很多事务，只是具有表面性的压力，我们的工作重点应该是研究问题背后的问题。我们不必对每一个问题、每一种刺激都立即做出反应。我们可以后退一步，把一些零碎的信息综合起来，形成一个整体的、关于整个事情的画面，那样我们将看得更清楚、更全面。我们要登高望远，更全面地看待问题，系统地思考问题的解决方案，避免碎片化决策。

14. 如何理解"一切成果都存在于组织之外"

读德鲁克的《卓有成效的管理者》时，书中的一句话引起了我的注意："在组织的内部，根本不会有成果出现，一切成果都存在于组织之外。"[①] 这句话很容易被我们忽视，我们可能不太理解这句话，或者理解了但做得不好。所以，我认为有必要提出来和大家一起讨论。

学生的成长是学校的成果

管理者特别容易陷于组织内部的事务而无法自拔，正像德鲁克所说，管理者总以为组织内部的事与他的关系最为密切。可是，在组织的内部不会产生成果，一切成果都存在于组织之外。

举个例子，一家企业必须通过顾客，才能使产品变成利润，而企业的内部只有人工和成本。如果管理者只着眼于内部，就不会有大的成功。

再比如，医院的成果一定是体现在病人身上的，但是病人并不是医院的一分子，病人最大的愿望是尽快离开医院，所以医院的成

[①] 德鲁克.卓有成效的管理者[M].许是祥，译.北京：机械工业出版社，2018: 13.

果也是存在于组织之外的。

学校也是这样。学校的成果是通过学生的成长来体现的，甚至是通过学生未来的成长来体现的，通过他一生的发展来体现的。学校的责任是为社会培养未来的人才。

在青岛中学的走廊里有一个图表，上面写着现在入学的各个年级的孩子到2035年我国基本实现社会主义现代化、2050年实现中华民族伟大复兴时的年龄。我们将这个图表贴在走廊里是想提醒自己，我们今天的教育，正是为了未来国家的富强、民族的复兴培养人才。换句话说，我们今天有什么样的教育，我们的社会就有什么样的未来。

当我们站在时代和历史的高度来看待今天的教育时，立德树人的教育使命和责任就日益具体和清晰。学生未来的发展才是学校教育的重要成果，所以我们要着眼于学生的成长，站在学校的外部来看待我们的教育。

学校的规模越大，校长越容易陷入内部事务

德鲁克认为，组织的规模越大，管理者越容易陷入内部事务。一个组织的规模日益扩大之后，会将很大一部分能量用于维持内部的复杂结构，而越来越难为外部服务了。这就是大组织病。

"社会组织恰如生物有机体，必须保持'瘦且有肌肉'的状态。"[1] 自然生物的定律是，"面积与半径的平方成正比，质量则与半径的

---

[1] 德鲁克.卓有成效的管理者[M].许是祥，译.北京：机械工业出版社，2018: 127.

立方成正比。一个生物成长得越大，它所消耗的资源也就越多。"①人体内的许多器官是为复杂的身体结构服务的，而变形虫身体的每个部分都可以随时感知环境。

组织也是如此，"人数越少，规模越小，内部的工作越轻，组织就越接近于完美，就越有存在的理由。而组织存在的唯一理由，就是服务于外部环境。"②如果组织过大，就要不断划分为小组织。小组织能迅速感知外部冷暖，大组织则迟钝得多，甚至无法为外界服务，只能支撑自身的消耗。组织的规模变大以后，最高管理者的关注点往往会逐渐从外部走向内部，导致自身陷入内部事务和压力之中。因此，管理者要不断地把大组织划分为小组织，尽可能减少这样的问题。学校实施扁平化管理、为基层赋权、降低管理重心等做法，也是为了解决这个问题。

管理者在组织中的位置越高，就越容易为内部的问题所困扰，看不到外边的情况。学校也是如此，学校的规模越大，校长越容易陷入学校的内部事务。其实，校长与副校长、中层管理干部最大的区别，就是校长要充分关注学校的外部，并善于与学校的外部打交道，这是学校中其他人无法代替校长做的。

作为校长，我们要打开学校的围墙做教育。

一方面，我们要关注社会期待，思考社会期望我们做出什么样的贡献，希望我们培养出什么样的人。另一方面，我们要重视外部资源，思考怎样把学校的边界打开，和外部世界互通。

---

①② 德鲁克.卓有成效的管理者[M].许是祥,译.北京：机械工业出版社, 2018: 127, 17.

以外部视角审视学校教育

学校教育在很大程度上受外在因素的影响。教育问题本质上是对社会问题的折射和反映，今天教育的问题，主要不在教育本身。我们看待教育问题，看待学校问题，也许站在教育之外能看得更清楚。

历史上的一些教育家、思想家和哲学家，比如杜威、洛克（John Locke）、怀特海（Alfred North Whitehead）、罗素（Bertrand Russell）、雅斯贝尔斯（Karl Jaspers）等，常常站在哲学的角度看待教育。教育是上层建筑的一部分，必然受到社会、政治、经济和意识形态的影响；教育关系到人的培养，必然涉及培养什么人、怎样培养人的问题，必然涉及社会的方方面面。

李希贵校长曾经半开玩笑地说，他不太经常读教育类的书，但经常读管理类的书。其实这也是站在教育之外来看教育。他还建议校长们结交一些跨界的朋友，这样能够更多地接收来自外部的信息。借助外部的眼光来审视教育，可能看得更清楚、更全面、更根本。

2016年，佐藤学（Manabu Sato）先生和顾明远先生在北京师范大学进行了一场教育对话。佐藤学先生说教育需要三种眼光：一是蚂蚁的眼光，可以帮助我们观察得非常细；二是蜻蜓的眼光，可以帮助我们从各个角度观察；三是鸟的眼光，可以帮助我们俯瞰大地。顾明远先生回应说，教育需要两种眼光——世界的眼光和历史的眼光。其实，他们说的都是同一个道理，即要从教育外部来审视教育。

人工智能对教育的挑战，现代信息技术对教育的变革，未来不确定性对教育的要求等，都需要我们去关注和思考社会变迁对教育的影响。"对于外部的情况，真正重要的不是趋势，而是趋势的转变。趋势的转变才是决定一个机构及其努力的成败关键。"[1]

现在很多人这样批评学校："学校是变化最慢的地方，甚至已成为计划经济的最后一个堡垒""这100年来社会变化很大，教育变化很小""现在的学校是用昨天的知识来培养明天的人才"。实事求是地讲，这些批评是比较中肯的，相对来说教育确实比较封闭和保守。这也提醒我们，应该站在教育的外部，以外部视角来审视学校教育。只有这样，我们才能更好地理解德鲁克的这句话："在组织的内部，根本不会有成果出现，一切成果都存在于组织之外。"

当然，这并不是说校长不需要关注学校的内部管理和教育教学，而是说，校长要站在教育的外部来思考我们的教育、教学和管理的目的，思考为谁培养人、培养什么样的人、怎样培养人的问题。"有效的管理者重视对外界的贡献。他们并非为工作而工作，而是为成果而工作。"[2]作为学校的管理者，校长要站得高一点儿，眼睛朝外看，打开学校，打开自己，让学校与社会相通，让自己与外部相连。

---

[1][2] 德鲁克.卓有成效的管理者[M].许是祥，译.北京：机械工业出版社，2018: 19, 27.

15. 校长如何管理自己的时间

有人说，自我管理最重要的是三件事：管理自己的时间，管理自己的情绪，管理自己的思维方式。我认为，自我管理最重要的一条，就是做好时间管理。管理者最缺乏时间，要提升工作的效率，就要学会管理时间。

时间是什么

时间是什么？这是一个古老的追问。时间是生命的长度，或者说是生命的度量单位。国外的一句谚语说得好："我们根本无法浪费时间，我们浪费的其实只是自己的生命。"

对校长来说，时间是最重要的资源。下属争取校长的资源，最主要的是争取他的时间；校长能分配给下属的资源，最重要的也是时间。比如，校长每天听下属汇报工作，其实就是在分配时间资源；下属去校长办公室请示汇报，就是在争取校长的时间资源。

时间是稀缺的、不可再生的特殊资源。它是单向的，一去不返；它是公平的，皇帝与弃儿每天都只有 24 个小时；它的供给没有弹性，无法根据供需来调节，人们租不到、买不到、借不到；它完全没有替代品，无法储存，稍纵即逝。所以，校长要用好时间这个管理资源。

时间是最珍贵的资源，人们却以为它用之不竭。"人都是时间消费者，而大多数人也是时间浪费者。"①

审计时间

管理时间首先要记录时间。只有记录了，才能发现问题，并客观、理性地分析和解决问题。

我们要经常记录自己每天的时间安排，看一看自己做了哪些事，每件事用了多少时间。这样，我们才能分析和审计自己的时间，清楚地知道自己究竟是怎么使用和分配时间的。

我们可以自己记录时间，也可以让别人帮助记录，但都必须即时记录，一般每15分钟记录一次，不能事后凭记忆补记，而且至少要记录一周以上。

有人可能要问："为什么要记录时间，反思一下不就可以了吗？"反思固然重要，但做记录后你可能会发现，很多地方和自己以为的不一样。记录会反映真相。

比如，我在2011年曾经做过45天的时间记录。45天中有33个工作日，我总共参加了16个会议，耗时共计27个小时，平均每个工作日花费49分钟。不是给别人开会，就是被别人开会。

在这33天中，我总共处理了113件公文，平均每天要处理3.42个。作为校长，我还要接待一些兄弟学校、外部单位的来访，平均每个工作日0.52次，也就是说平均每两天有一次这样的接待，这是与学校正常的教育教学无关的工作。

---

① 德鲁克.卓有成效的管理者[M].许是祥，译.北京：机械工业出版社，2018: 34.

记录时间是为了审计时间。我们在工作中要审计财务，其实时间也是财富，也需要审计。我们要看一看这笔财富花在哪里了，花得低效、高效还是无效。

管理者大多不能自己控制时间，总是迫于各种压力将大量时间消耗在很多无意义的事情上。而且，管理者在组织中的位置越高，组织对他的时间要求往往越高，他的自由度就越小。表面上看似乎每件事都非处理不可，实际上很多事意义不大。所以，作为学校管理者，我们必须要审计时间，看看我们的时间到底被用在了哪些地方，哪些是被用在有价值的事情上，哪些是被用在无价值的事情上。

首先，我们要审计在这一周中，哪些事可以不做，如果不做会怎么样；如果没有任何影响，以后就不做。

其次，我们要审计在这一周中，哪些事可以让别人处理而又不会影响效果，比如让他人代替我们出席某一个并不是特别重要的会议。我们最大的问题往往是，将多数时间用在了没有太大意义的事上，却没有时间去做真正需要我们本人做的事。

再次，我们要审计在这一周中，自己将主要时间花在了哪些人的身上。比如，我在审计自己的时间时发现，我将 44% 的时间花在了中层及以上干部的身上，和老师、学生相处的时间相对较少。这反映了我在工作中的取向问题。

最后，我们还要审计在这一周中，自己有没有浪费别人的时间，浪费了别人多少时间。比如，召开冗长的会议，开会时让无关的部门或人员也必须参会，等等。往往下级的时间更多的是被上级浪费的。

审计时间最重要的目的是帮助我们减少无效或低效的时间消费。列出不应做的事比列出打算做的事更重要。

管理时间

记录和审计时间,都是为了更好地管理时间。时间是我们最稀缺的资源,管理好时间是提高管理效率,使自己变成卓有成效的管理者的重要手段。

首先,学会加减乘除。加,就是将零碎的时间利用起来做一些不重要但是必须要做的事,以确保我们有整块的时间处理一些重要的事。减,就是化整为零,将一些事情分成小块。乘,就是授权。我们要学会用别人的时间去完成自己的工作,以实现时间的乘数效应或倍数效应。当然,授权并不是将本该由自己完成的事交给别人去做,"应该是把可由别人做的事交付给别人,这样我们才能做真正应由自己做的事"[1]。或者我们同时做两件及以上的事,这也能产生乘数效应。除,就是对一些事情说"不"。比如,减少那些可参加可不参加的应酬或者某些社会活动。

其次,提升驾驭时间的能力,增强时间的计划性和做事的主动性。我在审计自己的时间安排时,发现半数以上的事情都是别人安排给我的或临时性的。"管理者的时间往往只属于别人,不属于自己。"[2] 因此,良好的时间驾驭能力往往比勤奋工作更重要。时间是一匹游龙,我们不驾驭它,它就会快速游走。

要想驾驭时间,就要主动安排时间,增强时间的计划性和做事的主动性。比如,每天上午我们都可以到各个部门、各个年级去转一圈,主动询问各个部门有没有什么问题,这比我们坐在办公室等

---

[1][2] 德鲁克.卓有成效的管理者[M].许是祥,译.北京:机械工业出版社,2018: 44, 12.

他们来请示汇报，更具有主动性和计划性。再比如，我们每周可以安排相对固定的整块时间，来考虑有关学校发展的大事。

如果有人上门找我们闲聊，我们可以主动说明自己很忙；如果下属进行无关紧要的冗长的事务性汇报，我们可以通过站着听或者站起来倒水等方式打断他；如果某个时间段确实不希望被打扰，我们可以将办公室的门虚掩，以暗示来访者自己正在处理重要的工作。

校长既是管理者，也是资源分配者，所以有权决定谁能得到更多的资源。校长分配的最重要的资源，是自己的时间。校长可以规定与副校长和中层干部每周交流工作的频次和时间，警惕下属和部门过多地争夺自己的时间。

最后，管理好闲暇时间。每个人一天都只有24个小时。8小时工作时间，8小时睡觉时间，还有8小时闲暇时间。闲暇时间的管理也非常重要，有人说人和人之间的差别，主要在于对闲暇时间的运用。一个人的成长、发展，甚至个人品味，可能主要取决于他对这8小时闲暇时间的安排。

关注时间问题背后的问题

如果以上这些方面我们都做好了，但还是觉得时间不够用，那就得反思时间问题背后的问题了。

比如管理不善。判断一个组织的管理状况，我们要看它的管理者主要是在为未来做决策和谋划，还是在忙着处理过去的问题。如果管理者将时间主要用在处理过去的事情上，那他多半管理不善。

比如人浮于事。在一所学校中，如果人浮于事，无事生非，校长就得花大量时间进行协调。德鲁克认为，管理者如果将1/10的时间用在处理人际关系上，说明这个组织存在人浮于事的现象。而在精干的组织里，人的活动空间很大，彼此不会发生冲突，沟通的时间成本很低。

比如会议过多。这可能是管理不善和组织结构不健全的表征。"所谓会议，顾名思义，是靠集会来商议，是组织缺陷的一种补救措施。我们开会时就不能工作，工作时就不能开会，谁也不能同时又开会又工作。一个结构设计臻于理想的组织，应该没有任何会议。"[1] 德鲁克认为，"会议应该是不得已的例外，不能视为常规。一个人人都随时开会的组织，必是一个谁都不能做事的组织。"[2] 会议太多，表明组织的职位设置不当，本来应该由一个部门做的事被分配到多个部门。会议太多也表明职责混乱，信息传递不畅。这些是时间问题背后的问题，同样值得我们反思。

---

[1][2] 德鲁克.卓有成效的管理者[M].许是祥，译.北京：机械工业出版社，2018: 51, 52.

16. 校长如何化解工作中的压力

2015年秋天，我从安徽来到北京。最初的两个多月里，我非常不适应，整天处于失重状态。这种失重的感觉，以前从没有过。后来细思，发现原来是压力突然消解带来的失重感。我做校长近20年，突然被解除了压力，既感觉解脱，也感觉失重。这反过来也可以说明，之前的压力还是很大的。

校长的压力无处不在

做校长这么多年，我对工作中的各种压力有深切的体会和感受。就我个人来讲，我感受到了以下几个方面的压力。

第一是校园安全的压力。安全重于泰山，安全问题必须万无一失。所以，校园安全始终像一柄剑悬在我的头顶，这也是学校管理者共同感受到的压力。

第二是办学质量的压力。这是社会期待与教育内部的竞争带来的无形压力。

第三是各种临时性事务的压力。作为基层教育组织，学校要承接来自上级和外部的各种检查、考核、评比以及其他临时性的社会事务。这些事务中，有的和学校的教育教学相关度不大，有的甚至几乎没有相关性。校长如何应对各种临时性的事务，也是一个不小的挑战。

第四是负面情绪的压力。有一位管理学者说过，学校中令人高兴的事，校长总是最后一个知道。校长从早到晚面对的主要是困难和问题，接收的更多是负面信息。消解这些负面信息，调整负面情绪，既是一个挑战，也是一种无形的压力。

第五是人情关系的压力。特别是在招生季，来自社会各方面的人情关系的纠葛让人压力倍增。越是热门的学校，这方面的压力越大。

最后一个方面的压力，是自我超越的压力。在某些时段，我会觉得自己到了瓶颈期或高原期，难以自我突破和自我超越。我担心自己能力的瓶颈会成为学校发展的瓶颈。

用正确的方式做正确的事

消解这些无处不在的压力，对校长来说也是个挑战。

第一，校园安全的压力。我认为，应该通过机制来缓解。比如，学校提前考虑各种意外情况，制定安全应急预案，师生遇到紧急情况时可以按照既定的程序来执行和操作。"凡事预则立，不预则废。"

北京十一学校设立了安全奖励机制，学校里的师生员工若发现了校园安全隐患并向学校报告，就会得到奖励。这个机制将学校的几千名师生员工都变成了安全员。

青岛中学小学部将空间内所有的拐角，比如洗手间洗手台的拐角、楼梯扶手的拐角、各种办公家具的拐角等，都用柔软的材料包裹起来，孩子们在室内外空间里可以安全地奔跑。青岛中学20万平方米的室内建筑中没有台阶，有坡度的地方均设计成缓坡，目的是保证小学低龄段学生的安全。我们之所以这样设计，是因为我们遵循这样一个原则：通过管理好物来保证师生的安全，而不是简单地通过管理人的行为、甚至约束人的行为来保证安全。

这个原则也同样适用于学校的教育教学活动，比如组织学生游学、运动会、体育比赛等，我们要通过安全机制和安全预案来减少意外，不能因为安全压力而取消这些正常的教育教学活动。

第二，办学质量的压力。我觉得应该以自身的定力来缓解。校长应该有自己的定力和持守，有自己的价值追求。当我们把办学质量放在一个更长远的时间维度内来考虑时，也许会少一些急功近利和焦虑。

我们要用正确的方式做正确的事。我们应该追求办学质量，而不仅仅是升学质量，这就是做正确的事。同时，我们更要关注用什么方式实现好的办学质量及升学质量，也就是要用正确的方式做事。我们不能以牺牲师生身心健康的方式去片面追求升学质量。我们相信，通过促进教师的专业发展、研究课程和教学、激发学生的内动力等方式，同样可以提高办学质量，这是我们的教育价值取向。

第三，各种临时性事务带来的压力。我认为应该通过取舍过滤来缓解。我曾经做过一次统计，发现2011—2013年学校收到2300件上级来文，平均每年700多件。每个文件至少包含一件事情，有时候一个文件包含几件事情。一年365天，每天什么都不做，也难以全部完成文件中的这些事。对此，很多中小学校长都有同感，来自上级的各种临时性的任务太多，干扰和影响了学校的正常工作。

我们要正确面对这种情况。学校最重要的工作是教育教学，对那些和教书育人相关度不大的社会性事务，我们要有所取舍。有时候我们虽然不能不做，但可以建一道防火墙，设一个过滤器，让行政部门完成这些指定任务，尽量不影响教师的教育教学和学生的正常学习。当然，如果这个工作和我们的教育教学相关度大，对学校的办学有帮助，我们应该将它作为改善学校管理的契机。

某些机构常向学校提莫名其妙的要求。比如，某地为迎接文明城市检查，要求学校承包马路，教师上街捡烟头、在街头当协警指挥交通；某地为防止学生溺水，要求乡村教师承包池塘，定期巡视；还有的地方让教师参与征迁或扶贫任务；等等。这已经是社会之怪现状，而不仅仅是教育问题了。

保持身心健康

校长的工作事务多，责任重，压力大，因此保持身心健康尤为重要。对校长的身心健康构成挑战的，并不是忙碌的工作，也不是那些不必要的且耗时过多的无趣应酬，而是负面的情绪体验与分裂的职业角色。

校长每天接收的信息大多是问题与困境，处理的事情大多是矛盾和难题，因而情绪体验往往是负面的。所以，管理情绪也是校长自我管理的重要内容。

多重而分裂的职业角色，也会导致人格的撕扯、破损与分裂。所以，我们要分清公我与私我，分清工作时间和生活时间，分清职业角色和个人角色。在个人时空里，反身自省，修复自己，涵养个性，回归本我。

我从事学校管理工作以来，一直坚持上课，最近这些年才离开课堂。每周在课堂上的时间，是我难得的快乐时光。上课让我可以和学生近距离接触，和学生共同在知识的海洋中遨游和探险。这暂时让我忘记了行政角色，激活了我做教师时的感觉。

我的闲暇时间主要用于读书、欣赏音乐、下围棋、运动和思考。读书、欣赏音乐、下围棋、运动是我的生活方式，也是我自我修复的主要方式，而思考是我的存在方式。

　　读书使我沉浸在另外一个时空，与高尚的人对话，在形而上中遇见自我、修复自我、提升自我。读书使我的心灵得到滋养，灵魂得以升腾。黄庭坚曾说："士大夫三日不读书，则义理不交于胸中，对镜觉面目可憎，向人亦语言无味。"高尔基（Maxim Gorky）说："书籍一面启示着我的智慧和心灵，一面帮助我在一片烂泥塘里站起来，如果不是书籍，我就会沉没在这片泥塘里，被愚蠢和下流淹死。"

　　我读历史时惊讶于人性进步的缓慢，或者说几乎没有进步。贪婪、虚妄、奸诈、脆弱等人性的弱点几乎毫无改观，甚至变本加厉，人性的善恶之战、真假之争不断地在历史的舞台上重复上演。我读哲学时惊讶于中外哲学家其实早已参透人生、社会、自然的本质。千百年来，人生的困境早已显露，社会的逼仄一如既往，自然的破坏于今为烈，但是芸芸众生还是冥顽不灵，无所长进，似乎哲学永远是哲学家的事，生活还需重新来过。

　　欣赏音乐、下围棋、运动可以让人忘我，也是自我修复的办法。手指在黑白琴键上跃动，优美或悲伤的旋律可以抚慰白天受伤的心灵，修复破损的人格；在棋盘上博弈厮杀，可以让人暂时忘却事务的烦扰；在球场上大汗淋漓地奔跑，可以让人以肉身的紧张换得心灵的释放。

　　我思故我在，思考是我的存在方式。我特别喜欢《千字文》中的8个字——"容止若思，言辞安定"，也常以此自勉。思考可以让我从高处和远处回望自己，检视自己，反身自省，从而保持足够的警醒，防止自身的异化：避免异化为工具，成为事务的奴隶和物质的附庸；避免异化为官僚，沾染官僚的习气；避免异化为俗众，以保持精神的独立与自由；避免异化为自我的敌人，以免离自我越来越远，甚而走向自我的反面，成为自我的宿敌。正如梁漱溟先生所言，人生需要解决三大问题：人与物的问题、人与人的问题、人与自己内心的问题。

我们应该追求工作与生活的平衡。工作之外，还有一些重要的事情需要我们关注和长期坚持，比如锻炼身体、保证充足的睡眠、读书与学习等。我觉得网络上的一个帖子可以帮助我们自我反省。

1. 把时间分给靠谱的人和事。
2. 把朋友过滤一遍，缩小朋友圈。
3. 多想什么是自己真正想要的东西，想不透就继续想。
4. 超过10个人的饭局尽量少参加。
5. 形成自己的规律、标准、好恶，并让别人了解。
6. 减少被别人利用的次数，学会给自己减负。
7. 即使你很出色，也不要认为自己什么事都比别人做得好。杜绝事必躬亲，学会抓大放小。
8. 减少蜗居时间，亲近大自然，天天开心！

17. 如何在学校内部建立良好的人际关系

学校管理学也是关系学，在学校管理中，关系很重要。马克思（Karl Marx）认为，人是社会关系的总和。尤其是在现今信息社会和网络时代，每个人都是社会关系网络中的一个节点，我们已经不能像古时候的人那样各行其是、独善其身。在现代网络社会中，每一个人都被"囚禁"在社会关系的网络之中。离开关系，我们几乎不能讨论人本身。

管理就是处理工作中人与人、人与物、人与事之间的关系，其中主要处理的是人与人的关系，也就是人际关系。领导力本质上也是一种人际关系，"领导力是一种人与人之间的关系"[1]。戴尔·卡耐基（Dale Carnegie）认为，一个人事业上的成功只有15%是由于他的专业技术，而另外的85%要靠人际关系。亨利·克劳德（Henry Cloud）说过，人际关系具有真实的、有形的和可测量的力量。

良好的人际关系并不等于庸俗的人际关系。良好的人际关系是基于贡献的，比如，在学校里良好的人际关系是指大家始终以学生的成长和教师的发展为目标，密切合作，为他人着想，共同创造出工作业绩。

---

[1] 库泽斯，波斯纳.领导力——如何在组织中成就卓越（第5版）[M].徐中，周政，王俊杰，译.北京：电子工业出版社，2013: 22.

建立沟通与合作的人际关系

要建立沟通与合作的人际关系，上下级之间应该多沟通。作为校长，我们知道的事，一定要让下属知道；我们做的事，一定要让上级明白。如果什么事都只有我们自己心里有数，而下属并不知道我们是怎么想的，那大家工作起来就必然会产生隔阂。同样，我们打算做的事也应该让上级知道，以争取他的支持，将来万一出了问题，他可能会给予理解和宽容。我们所说的平时多请示汇报，其实就是一种沟通。很多的误会、隔阂，都是因为沟通不充分造成的。

要建立沟通与合作的人际关系，同级之间需要团队合作。我们应达成共识：我们虽然分属不同的部门，有不同的主管、岗位和职责，但我们有一个共同的目标，那就是学生的成长。我们不应该强调谁领导谁、谁管理谁，是你部门的事还是我部门的事，而应以承担的特定任务为中心，通力合作，共同完成任务。

教师的工作有很强的独立性，即使是同一学科的老师，也往往是相互独立的。有些教师相互防范，相互竞争，有些甚至老死不相往来。如何促进教师合作与分享呢？

首先，建立合作分享的平台。在青岛中学，我们每周都有教学沙龙、教育沙龙、读书沙龙，大家相互给予，相互分享。大家在教育教学或管理工作中遇到难题时，学部、学科、部门会成立项目攻关小组，共同探讨，合力解决。

其次，建立合作分享的机制。青岛中学注重评价团队，而不是评价个人。即便是高考的教学业绩评价，也不是评价单个教师，而是评价课程组、学科组、年级组，采用团体评价机制。这样的机制把大家的利益捆绑在一起，鼓励大家合作分享，相互帮助。

最后，塑造合作共赢的文化。比如，学校组织评优活动应由基层推荐和提名候选人，而不应由学校指定。教师互相推荐的过程，就是一个相互发现、相互欣赏的过程。我们可以通过建立合作分享的平台、机制，逐步形成合作共赢的团队文化。

构建等距离的人际关系

校长和所有教师的关系应该是等距离的。校长不能和某些教师走得很近，和另外一批教师走得很远。作为个人，我们确实可以和某些教师的关系很好或者很糟；但是作为校长，我们不能将这种亲疏关系带到工作中去。

作为校长，我们要和那些关系亲近的人保持一定的距离，让大家感觉我们和他还是有距离的；反过来，我们要和那些自己不太喜欢的人，或者别人认为我们和他有隔阂的人走得近一点儿，让大家觉得我们和他的关系还不错。这样做的目的就是构建等距离的人际关系。

校长不要将世俗的人际关系带进学校，不要允许学校里面存在帮派、利益集团，甚至是小山头，不能允许某一个领导后面有一群人。这种小团体文化是一种不良文化，会侵蚀学校健康的肌体，破坏学校的文化和生态。当然，学校中允许存在非正式群体，但那是基于共同任务、共同使命、共同价值观的群体，而不是基于利益的小团体。工作关系和生活关系要分开，这是一个重要原则。

处理好领导班子之间的关系

如何处理好领导班子之间的关系？首先，要坚持民主与集中的原则。校长在研究决策学校的大事时，一定要充分发扬民主，会前、会中多征求书记、副校长、分管领导的意见和建议。在民主的基础上,当大家观点不一致时,校长作为行政负责人可以拍板,做最终决策,并且为自己的决策承担责任。民主与集中的机制,可以帮助我们处理好领导班子之间的关系。

其次,要运用原则性与灵活性相结合的策略。大事讲原则,小事讲灵活。对于原则性的问题,必须分清是非,不和稀泥,该怎样就怎样,所谓"吕端大事不糊涂"。但是,对于一些小事,就要难得糊涂,所谓"水至清则无鱼"。

最后,要有一定的境界和格局。处理领导班子之间的关系,特别是处理校长与书记的关系,为人要正,不为个人争名利;要换位思考,为他人着想;以学校的目标为重,在保证共同目标的前提下处理彼此之间的关系。

处理好与意见领袖之间的关系

一般来说,规模大一点儿的学校都会有意见领袖。他们经常以教师的代言人自居,时常发表一些议论,甚至有时候不和学校合作。对学校管理者来说,处理好与意见领袖的关系非常重要。

学校出现这样的意见领袖,有几种情况。第一,他可能是为了个人的私利,但是他不以自己的名义提出来,而是以教师代言人自居,借着其他人说事;第二,学校管理中可能存在一些不公正的现象;第三,可能学校教师正常反映问题、解决问题的渠道不够通畅,给他提供了机会。

所以,首先,我们要保持言路畅通,给学校教师,包括这些意见领袖,表达意见的机会。作为学校管理者,我们要经常主动听取教师的意见和建议。其次,学校的信息要公开透明,解决问题要及时，不能解决的问题要解释清楚。最后，我们要反观自己处理问题是否公正，如果有不当之处，要及时修正。

其实，学校里有这样的意见领袖是一件好事。我们可以把他当作帮助我们审视学校各项工作的眼睛。他们经常为我们挑挑刺、提提尖锐的问题，甚至是批评意见，有利于我们冷静下来，多反思和改进自己的工作。

二战期间，丘吉尔（Winston Churchill）专门设立了一个负责向他汇报坏消息的办公室。希特勒（Adolf Hitler）与此相反，他只听好消息，一直以为德军处于上风。傲慢自大是让自己陷入孤立境地的主要原因。对领导者来说，没有负面反馈是一件很危险的事。

关注人际关系中可能存在的盲区

由于工作任务繁重，校长在处理人际关系时，往往会顾此失彼，以致产生盲区。

第一个盲区是学校与家长的关系。我们往往疏于建立和维护家校关系，有时候甚至有意无意地把家长看作学校的对立面。其实，家校关系并不是一种对立的关系，只不过有时候在孩子的培养问题上家长与我们的视角不同，观点不同，但是二者的目标是一致的，所以我们一定要把家长看作学校办学的合伙人和有益的教育资源，将家校关系当作学校的重要关系加以维护和经营。

有人认为，家长购买了教育服务，是学校的顾客。这种观点是错误的。学校是为学生的成长服务，而不是为家长服务。家长不是我们的顾客，而是我们的教育合伙人，我们共同服务于孩子的成长，这一点我们要非常清楚。否则，我们就容易被家长的各种不合理诉求绑架。

第二个盲区是校长与学生的关系。很多校长不从事教学工作，有可能和学生沟通、交流和接触得相对较少。很多校长与学生之间缺少建立关系的渠道和途径。对学生来讲，校长往往只是学校的一种象征、一个符号，而不是一个可亲可近的人。

我去美国、日本考察时，看到他们的学校规模小、人数少。一位美国的资深校长告诉我，校长能认得每一个学生，叫出他们的名字，这样的学校规模才是合适的。在学校中，校长也是老师，应该和学生个体之间建立一种关系。在青岛中学，每周二的中午，我在"校长有约"活动中与大约10个学生共进午餐。午餐结束后，我会送给每位学生一本书。一年下来，我也能接触400来个学生。

在北京十一学校，我看到李希贵校长专门把学生会办公室安排在校长办公室的隔壁，这样他就经常有机会和学生接触交流。他鼓励学生去他的办公室借书，也是为了创造自己和学生建立连接的机会。

总之，在学校内部建立良好的人际关系非常重要。人际关系是学校文化和学校生态的重要内涵。在我的心目中，学校良好生态的关键指标之一，就是简单、健康、和谐的人际关系。

18. 学校管理者如何进行正确的自我认知

俗话说:"人贵有自知之明。"自我认知是自我管理的起点,非常重要。但自我认知也是很困难的,我们很难知道自己究竟是什么样子,因为我们将后背留给了别人。我们看不见自己,很多时候我们甚至不如别人了解自己。我们眼里的自己和别人眼里的我们也许并不相同,我们不完全知道我们在别人眼里是什么样子,也许别人眼里的我们比我们想象得更好,或者更差。

要想有正确的自我认知,主要靠两面镜子。第一面镜子,就是他者。古人说:"以人为镜,可以明得失。"我们可以通过他者看见自己,从他者对我们的评价中了解自己。但是很可惜,这面镜子经常是模糊的。作为学校管理者,我们已经很难听到别人对我们的真实评价,更难听到对我们的批评。所以,若只依靠这一面镜子,我们很难正确认识自己。

因此,我们需要第二面镜子,这面镜子叫反思。反思是自我认知的重要工具,我们可以通过反思看清自己。美国教育家杜威说过,我们不是从经验中学习,而是从反思中学习。他表达的也是这个意思。

我是谁

我们需要反思的第一个问题:我是谁?

如何回答这个问题反映了一个人的自我定位。无论是校长还是学校的其他管理者，我们的职位和岗位决定了我们的定位，概括起来就是两个字：服务。作为学校管理者，我们要在自己的岗位上帮助别人获得成功，在别人的成功中感受成功的快乐与喜悦。这就是学校管理者的定位，这是由我们的岗位和职位决定的。

如何回答这个问题反映了一个人的价值观。如何反思自己的价值观？德鲁克提供了一个工具：镜子测试法。每天照镜子的时候，想一想：自己的核心价值观是什么？自己的做法符合内心的价值准则吗？镜子里的人是自己想成为的人吗？也就是说，我们做事的原则一定要和内心奉行的价值观一致。当我们遇到的事和自身的价值观发生冲突时，我们要经常反观自己的内心，澄清并坚定自己的价值观，用价值观指导自己的行动。比如，我们痛恨贪官污吏，那别人来给我们送礼送钱时，我们可不能收，如果我们收了，我们也就成了自己痛恨的那种人。这就是德鲁克提出的"镜子测试法"。

如何回答这个问题也反映了一个人的工作和学习方式。前面讨论向上领导的时候，我提到领导者分为听者型和读者型两种。我们也应该反思下自己是怎么工作和学习的，是听者型还是读者型。

我接触过很多学校管理者，一些学校管理者是听者型的，他只有通过对话才能思考，他和别人交流的过程也是获取信息、思考并理清自己思路的过程；一些学校管理是读者型的，他只有通过阅读和写作才能思考并理清自己的思路。当然，也有听读均衡型的学校管理者。

这本身没有好坏之分，只是风格和习惯不同而已，但是我们要知道自己偏向于哪种类型。我们应了解并顺应自己的偏好，发挥自己的长处，从优势出发，而不是反其道而行之。

我的长处是什么

我们需要反思的第二个问题：我的长处是什么？或者说我的优势是什么？

这是很重要的自我认知。对此，德鲁克也提供了一个很好的工具：回馈分析法。每次做出重大决策或采取行动之前，我们都要把预期的结果写下来，几个月后再将其与实际结果进行比较，看看当初的判断是不是与实际情况吻合。通过一致性回馈分析，找出自己的优势和长处是什么，不足和短处在哪里，从而进一步认识自己。德鲁克说他坚持采用这种方法几十年，受益很大。

每个人都有自己的优势和不足，了解自己以后，应该尽力发挥并增强自己的优势，在自己的优势方面做得更好，从优秀走向卓越。在这个世界上每个人都是靠自己的优势立足，而不是相反。因此，我们的重点不是补短，而是扬长。如果你将精力主要用在弥补自己的弱项上，花费的成本和代价会更大，而且基本上也只能达到中等水平，没有太大效益。了解自己的弱项，重要的不是为了补短补弱，而是知道自己不要做哪些事。正确的做事方式是扬长避短，而不是扬长补短。

作为学校管理者，我们如何处理自己不擅长的事情？我们可以寻求外包，把我们不擅长的事情，授权给在某些方面有专长的副校长、中层干部，甚至是外部专家，其实就是用别人的强项来补自己的弱项。

我的客户是谁

我们需要反思的第三个问题：我的客户是谁？我们之所以要反

思这个问题，是因为WTO（世界贸易组织）将教育定义为服务业，我们从事学校管理，应该具有客户意识。

德鲁克在《卓有成效的管理者》中指出，在美国的大学里，一些大学校长和行政主管们从来没有跟他们的顾客或客户建立过关系。大学校长的顾客或客户是谁呢？就是学生。①

作为中小学校管理者，我们应该明确我们的核心客户是谁，主要客户是谁，一般客户是谁。

比如，校长的核心客户是中层及以上干部，校长要帮助他们工作，帮助他们取得成功。主要客户应该是学校的骨干教师，一般客户是广大师生。

所谓客户意识，就是将工作的成效体现在客户的利益上。作为学校管理者，我们的工作成效要体现在学生和教师的成长上。同时，我们要接受客户评价。根据《北京市十一学校章程》，校长每年要接受学校职工代表大会（以下简称"教代会"）的信任投票，若达不到60%的信任票，校长必须向上级党委提出辞职；若达到60%但连续三年未达到80%的信任票，校长也必须向上级党委提出辞职。中层干部同样要接受满意度评价。我们在青岛中学也试行了这一做法。客户是我们工作的主要评价者，如果没有客户评价，真正的客户意识很难建立起来。学校管理者如果觉得自己是由教育局任免的，难免会眼光朝上；当管理者意识到教代会的代表可以决定自己的去留时，也许眼光就会朝下，真正朝向师生。

我们的客户是教师和学生，家长不是我们的客户。我们往往会

---

① 德鲁克.卓有成效的管理者[M].许是祥，译.北京：机械工业出版社，2018: 72.

有片面的理解，以为家长帮孩子交学费，是花钱来消费的，所以家长提出的各种要求，我们应该尽量满足。其实这是误解。家长是学校的合作者，我们共同配合，一起培养和教育学生。如果我们觉得家长是我们的客户，就容易被家长的不合理诉求绑架。

我能贡献什么

我们需要反思的第四个问题：我能贡献什么？其实这个问题应该是我应该贡献什么，而不是我能贡献什么。作为学校管理者，我们要扪心自问：将来我们离开管理岗位后，给这个学校留下了什么？

我是学历史的，我认为应该从历史的角度、从后人评价的角度、从未来发展的角度思考，我们应该做什么贡献。我们不仅应该思考当下需要做什么，更应该思考要为这个学校的未来做什么，为历史留下什么。

假如有一天我们离开这所学校了，人们评价我们时会怎么说？后人写校史时会怎么书写我们这段历史？我想校史中一定不会写某个校长曾经获得了什么荣誉，发表了几篇文章，写了几本书。所以，我们应该以终为始，用自己的贡献书写履历。当我们站在时间的维度上思考时，也许我们就能知道自己应该做什么贡献。

每个人的一生都是短暂的一瞬，哪怕我们做10年校长，对于一所学校的历史来讲，也是非常短暂的。所以我们应该着眼于长远的东西，比如学校文化、人才培养等。我个人觉得，学校管理者应该在学校长远发展和可持续发展方面有所贡献，比如学校办学理念的确立和坚守、学校文化和价值观的培育、学校优秀教师的引进与年轻教师的培养等。

还有一个自我认知的工具，叫作镜子与窗户。当学校工作取得成绩的时候，我们就要推开窗户向外看，这些成绩和荣誉的取得，是全校师生共同努力的结果，是各种外在因素的合力，管理者个人的因素微不足道，这是向外归因。相反，当学校遇到困难或问题，甚至碰到一些挫折，犯了一些错误的时候，我们应该站在镜子面前向内看，看看镜子里的自己哪儿没做好，这是向内归因。正确的归因也是一种自我认知。

19. 如何让平凡人做出不平凡的事

如何让平凡人做出不平凡的事？这个问题本质上是学校管理中的用人问题。管理就是用人和决策，如何用人是一个非常重要的课题。

我们可以结合管理学中的两个原理来谈学校管理中的用人问题。这两个原理，一个叫彼得原理，一个叫帕金森定律，二者之间有一定的相关性。

如何破解彼得原理

彼得原理是美国学者劳伦斯·彼得（Laurence Peter）提出来的管理学理论。他对很多组织进行观察研究，发现由于大部分组织习惯于对在某个岗位上表现优秀的员工进行晋升提拔，所以员工总是趋向于被晋升到与其能力不相符的职位。这就是彼得原理，也有人把它叫作彼得现象或者彼得高地。

在科层制的组织中，一个员工若在某个岗位上做得很出色，就可能会被提拔到上一级岗位；如果在上一级岗位中，他仍然做得很出色，那就有可能被继续晋升到更高的岗位；他一直被提拔，直至被提拔到一个与他能力不相符的岗位上，也许晋升就停止了。由此，彼得的推论是，每一个岗位最终都将被一个不能胜任其工作的员工所占据。因此，在科层制的组织中，工作任务多半是由尚未达到能力要求的员工完成的。每一个管理者最终都将到达彼得高地。

当然，这是彼得得出的结论，并不一定是一种具有普遍性的准则，但它给我们学校管理者带来了很多有益的启示。

第一，作为学校管理者，我们要有自知之明，要知道自己的长处和短处。我们要不断地学习、实践和反思，发挥好自己的长处。至于自己的短处，我们可以用别人的长处来弥补。我们要努力保持学习和上升的状态，避免彼得现象。

第二，我们要站在上级的角度来思考问题。当我们站在上级的角度来考虑问题，借用领导的视角重新打量我们的工作时，就会发现，站得更高，会看得更远。有了更高的眼界和更宽的视角后，我们也许能够克服彼得高地现象带来的不适。

第三，我们要敢于起用比自己强的人，发挥下级的长处。发挥每个人的长处是组织存在的理由，组织中的每个人都有优点和缺点，通过合理的组织设计发挥每个人的长处，同时避免每个人的短处，这是一个组织最重要的作用之一。

第四，我们不一定要将岗位晋升作为培养和重用下属最主要的方式。我们在培养和提拔中层干部的时候，不能单纯地以教学成绩论英雄，要把合适的人放在合适的岗位上。有的教师课上得很好，班主任工作做得也很出色，我们不一定要把他提拔到管理岗位上。也许他的长处就是教学，那就让他去做一个名师，让他在教学岗位上发挥最大的作用。教学专家不一定是最好的管理者，如果我们将他提拔到管理岗位上，学校可能就多了一个不胜任的管理者，少了一个教学专家。

虽然我们每个人都期待不断进步和升迁，但这并不是我们唯一的追求和工作的最终动力。与其在一个无法完全胜任的岗位上勉强支撑，还不如找一个自己游刃有余的岗位，发挥自己的专长。这让我想到李希贵校长。他做过中学校长，做过教育局局长，后来调任教育部基础教育质量监测中心负责人，最后他选择回到学校担任校长。我觉得他是反用彼得原理。当他离开教育局、教育部的工作，重新回到中学校长的岗位上时，他的眼界、见识、思考问题的高度、解决问题的能力，远远超出职位对他的要求。他自然能够高屋建瓴，做起事来也更为得心应手，游刃有余。

如何避免帕金森定律

帕金森定律是英国历史学家诺斯古德·帕金森（Northcote Parkinson）于1958年提出来的。帕金森认为传统组织不仅机构重叠、层级较多，而且平庸管理者也很多。

这是什么原因造成的呢？帕金森在考察后得出了结论。一些管理者到达彼得高地后，不能很好地胜任现有的工作，于是他就需要两个助手。因为他不愿意起用比自己强的人，所以就选用了两个水平比自己更低的助手来帮助自己。两个助手上行下效，再为自己找两个水平更低的助手。如此类推，就会造成组织层级越来越多，机构重叠，人浮于事，效率低下。

学校如何避免帕金森定律？正如德鲁克所说，我们要用人所长。在一所学校中，也许大多数人都是平凡人，但是将这些平凡人的长处汇集起来，就可能打造出一个不平凡的团队，做出不平凡的事情，这就是组织的力量。通过组织设计和机制创设，汇集和发挥每个人的长处，回避各自的短处，让短处不产生影响，这是一个组织和机构存在的价值与理由。

我们要有识人之明，学会判断人；要看一个人能做什么，而不是看他不能做什么。我们要着眼于他人的长处，敢于起用那些有缺点的人和比自己强的人。我们特别要敢于起用年轻人，年轻人是学校的未来。也许年轻人现在做得不够好，但是早一点儿培养他，他会早一点儿成长。

用人所长的关键是着眼于一个人的长处，而不是他的短处。人的长处和短处其实是一体两面。一个人如果没有什么缺点，可能也没有什么特别的长处。用人所长，就要有容人之短的雅量。我们要尊重人与人之间的差异，同时也要认识到人的短处不容易改变。作为学校的管理者，我们的任务不是改变人，不是帮别人补短，而是充分发挥他人的才干，从而使学校组织的整体效益成倍地增加，达成学校的使命和目标。

当然，容人之短是有限度的，这个限度就是这个人的品格、品行不能有问题。一个人的人品如果有问题，最后会败事。我们说的要有容人之量，容的是人的不足，而不是他的品行问题。

不要怕用比自己强的人，德鲁克说得好："世界上从来没有发生过下属的才干反而害了主管的事。"[①] 起用比自己强的人，最终有利于完成学校的目标和我们共同的使命。

下属比我们强是我们的幸运。如果我们拥有一批比我们强的下属，那我们的组织一定是优秀的组织。我们和下属之间是相互成全，而不是零和博弈，我们都是为学生的成长和学校的发展服务。

如果我们的学校有特别优秀的人才，其能力甚至超过我们，我们一定要给他平台，放手让他去做，而且要给予他相应的待遇。当然，我们要把优秀人才放在团队当中，发挥他的影响力，整合团队

---

① 德鲁克.卓有成效的管理者[M].许是祥，译.北京：机械工业出版社，2018: 86.

的力量，而不是搞个人英雄主义。

用人所长要遵循一定的原则。比如，岗位设计一定要合情合理，岗位的难度、高度正常人都能达到。再比如，岗位的门槛要低，但工作内容要有挑战性，否则这个岗位就不容易激发人的潜力，也不容易激起一个人的挑战欲望。

大部分学校都设有保卫处或者保卫科。我们不能让一个年轻人一辈子做保卫科的管理工作，这样对他没有挑战，时间长了对他的个人成长也不利。那怎么办？我们得重新设置这个岗位，让工作范围有所延展，涵盖面有所拓宽，工作内容更有挑战性，比如让负责保卫科的人兼任办公室的副主任或者同时负责工会的管理工作。

最后，我们要成人之美，这是一种境界。培养人、帮助人、成就人是我们作为学校管理者的责任。我们要有成人之美的心态和境界，在成就别人的过程中，定义我们工作的价值和意义。

总之，用人问题的核心是着眼于人的长处，而不是他的不足。这不仅仅是一种工作方式，也是一种思维方式。

20. 如何做到要事优先

要事优先是指我们安排工作时应该以是否重要作为衡量维度，用主要的时间去做重要的事。这不仅是一种工作方式，还是一种价值取向。但在实际工作中，很多时候我们都是在做紧急的事，以是否紧急作为衡量维度。

永远做重要的事

我们每天要处理很多事情。我们可以按照重要性和紧急性这两个维度，将这些事情分类放入矩阵中。这个矩阵的横坐标是重要性，纵坐标是紧急性，二者交叉构成四个象限：第一象限是既重要又紧急，第二象限是重要不紧急，第三象限是紧急不重要，第四象限是既不重要也不紧急。我们可以将大部分事情归为这四个象限中的某一个。

在这四个象限中，我们首先要做既重要又紧急的事。但是在我们的工作中，既重要又紧急的事其实并不多，大概占20%，那剩下的时间应该做什么事？一般情况下，我们很有可能更多的是在做紧急不重要的事，而疏忽了或者根本没做那些重要不紧急的事。

我们如果一直在做紧急的事，特别是一些紧急不重要的事，就有可能耽搁重要的事。我们做完一件紧急的事，次紧急的事又上升为最紧急的事，我们一直在应急，重要不紧急的事就会永远被搁置。

反过来，如果我们一直坚持做重要的事，一段时间以后我们会发现，紧急的事越来越少了。那些系统性的、重要的事被解决以后，紧急的事就会大大减少。换句话说，很多重要的事是因为被我们耽搁了，才会演变成紧急的事。

所以，我们应该着眼于重要的事，不要将时间花费在那些紧急不重要的事情上。紧急不重要的事情可以让别人去做，或者即使没人做也没有太大关系。有些事今天是急事，明天可能就不再是急事，后天可能就成了故事。

面对千头万绪的工作，我们想要做到举重若轻，就要学会要事优先。当然，重要的事情需要我们花大块的时间去做，需要我们用相对完整的、持续的时间去做。

李希贵校长曾说，他几十年来坚持每天下班前，按照重要性由大到小的顺序梳理出第二天要做的六件事，第二天按照顺序来做。这是践行要事优先原则的一个很好的方法。其实我们平常也许不用考虑六件事，考虑第二天最重要的三件事可能就够了。

在上述四个象限中，第二象限甚至比第一象限更重要，我将它称为"第二象限法则"，即我们应该用主要的时间去做重要不紧急的事。为什么我不赞成总是做第一象限中的既重要又紧急的事呢？一是因为这样的事其实并不多；二是因为第一象限中的事，即既重要又紧急的事，背后隐藏着一个问题：我们做这个象限中的事，究竟是基于它的紧急性还是重要性？假设我们是因为一件事紧急才去做，那我们其实还是按照紧急性来排序的，我们很有可能错把第三象限的事看成第一象限的事。

如果我们一直在处理急事，便会没有时间去做更重要的事。而且在时间的压力下工作，我们特别容易急功近利，会只顾着解决那些表面的问题，而忽视了背后的根本问题，这就可能会造成更深层次的危机。

如果我们坚持多做重要不紧急的事，时间长了，我们就能摆脱应急的状态，更加从容地工作，因为重要的事做好了，紧急的事也会减少。长期坚持做重要不紧急的事情，既重要又紧急的事会大幅减少。

我们要从预防、规划、机制的角度去系统地解决问题，避免在时间的压力下做应急的、表面性的工作。在不紧急的状态下做事，才能够更好地实现各种平衡：不同职业角色之间的平衡，身体、精神、心智、社交等之间的平衡，生活与工作的平衡，工作与个人发展之间的平衡，等等。

国外的管理学专家曾做过调查，现实中的管理者大多是这样分配时间的：大约会将20%的时间用于处理第一象限中既重要又紧急的工作，将15%的时间用于处理第二象限中重要不紧急的工作，将50%—60%的时间用于处理第三象限中紧急不重要的工作。

从这个调查中我们可以看出，大多数管理者将一半以上的时间用于处理紧急不重要的事。理想的状态是，将60%—80%的时间用于重要不紧急的事，而不是紧急不重要的事。这样的话，用于处理第一象限的时间占比有可能降到5%。

总之，我们在安排工作时应该从重要性维度出发，而不是从紧急性维度出发。选择不同的维度，人们工作时会有不同的心理感受。管理学学者曾做过相应的调查，从紧急性维度出发，人们的心理感受大多是被压垮了、累坏了、没有完成、筋疲力尽等，从重要性维度出发，人们的心理感受大多是很有意义、有信心、正在进行、快要完成了等。① 所以，我们应该着眼于第一、第二象限，特别重视第二象限，警惕第三象限，永远做重要的事情。

什么样的事是重要的事

作为校长，我们如何判断和选择重要的事情？这个问题涉及工作的价值观：什么样的事是重要的事？有哪些基本原则？

我们无法罗列具体哪些事情对校长来说最重要，但我们可以概括出几个原则。第一，关系到人的事一般都是重要的事。在学校中，涉及师生的事，一定是重要的事。在人与事的关系上，先人后事，这是第一个原则。第二，关系到全局的事肯定是重要的事。从空间维度看，在全局与局部的关系上，全局为重，所谓"不谋全局者，不足谋一域"。第三，关系到未来的事是重要的事。从时间维度看，在过去、现在和未来的关系上，未来才是最重要的，所谓"不谋万世者，不足谋一时"。第四，关系到组织外部的事是重要的事。成果总是在组织的外部产生，压力总是在组织的内部产生。如果我们一直在压力下工作，很可能仅仅着眼于学校内部的事，而忽视了以外部视角来审视自己的工作。总而言之，校长要做学校中别人无法代替你做的核心事务，着眼点只有一个，就是实现学校组织的目标。

德鲁克说，"所谓压力，总是偏爱机构内部的事务，偏爱已经发生的事情而忽视未来，总是喜欢危机而忽视机遇，总是倾向于急

---

① 柯维，梅里尔. 要事第一 [M]. 刘宗亚，王丙飞，陈允明，译. 北京：中国青年出版社，2010: 45.

功近利而对真正的现实世界视而不见，总是看重紧急事务而对关系重大的事务反应木然。"[1] 我们在面对繁多的具体事务时，就要回归上述原则。我们要做到要事优先，避免在压力下工作，处理好人和事的平衡、全局和局部的平衡、过去和未来的平衡及内与外的平衡。

为未来做事

判断事情的重要性还有一个重要的维度，那就是时间维度。在日常工作中，有这样几种管理者。第一种管理者为过去工作。他们一直在弥补过失，或者一直为过去的事纠结，怨天尤人。心理学上有一个认知偏差叫作沉没成本谬误，指的是我们为自己过去的某种选择投入大量的时间或金钱，即便我们现在发现它有问题，不值得做下去，但是我们往往还会坚持下去，而不愿意失去我们已投入的东西。比如，实际上我们想待在家里，但因为我们已经买了电影票，我们就会去看这一场电影，哪怕这场电影被证明是无聊的，我们通常也不会走出电影院，因为我们想努力实现投资的价值。同样，假设一个校长花了大量精力和时间推广某种教学模式，虽然他后来发现效果并不理想，但是他不愿做出改变，因为他不想浪费过去投入的成本。这就是沉没成本谬误，这样做事就是为过去工作。

第二种管理者一直在做当下的事，为现在工作。当下的事一般都是应急的事，他们有可能像一个救火队员，整天处于应急状态，

---

[1] 德鲁克.卓有成效的管理者[M].许是祥,译.北京：机械工业出版社,2018: 130.

始终在时间的压力下做事。电话不断，来访不断。他们脚不沾地，甚至没有时间思考和休息。他们看起来很辛苦，其实是平庸的管理者。很遗憾，许多学校管理者都是这样的。

第三种管理者是为未来做事。未来的事往往是不紧急的，因为它还没到来，所以很多人会疏忽它。其实未来的事才是更重要的。领导就是管理未来，我们应该将主要的时间用于做未来的事。如果我们一直在做关涉未来的事，一直在做明天的事，甚至在做后天的事，那么当明天或后天到来时，当未来成为当下时，我们就游刃有余了。这样的管理者是举重若轻的人。

所以，我们不仅要学会管理时间，还特别需要学习管理事情，澄清什么样的事是重要的事。管理事情和管理时间同样重要。

21. 学校决策中最令人困扰的难题是什么

管理学大师赫伯特·西蒙（Herbert Simon）提出，管理就是决策。他认为决策是管理的核心。决策本质上是一种选择和判断，可能是事实性判断，可能是价值判断，也可能是二者的融合。决策有宏观决策，也有中观决策和微观决策。作为校长，我们经常要做决策，也经常会遇到一些决策难题。

结构不良问题的决策

根据我的学校管理实践经验，我觉得第一个令人困扰的决策难题是结构不良问题的决策。结构不良问题的边界不清晰，信息不完全，后果不确定，这样的问题怎么做决策？

在管理学中有一个理论叫有限理性决策。它告诉我们，现实中有很多结构不良问题，它们的信息不充分、条件不清晰、情况在不断变化。而我们每个人的认知是有限度的，每个人的头脑是有局限的，不可能对未来的预知非常清晰、对后果的把握非常准确。没有最好，只有更好。不要指望你的决策是最优决策，你能做的应该是有限理性决策。

怎样做出有限理性决策？第一，民主决策是一个重要保障机制。民主决策可以最大限度地保障决策的准确性、全面性和科学性。校长负责制本质上是群体决策，而不是个人决策。第二，降低决策重心，让一线工作人员更多地参与决策，让听到炮声的人指挥战斗，让决策发生在信息最充分的地方。很多中小学存在决策位置过高的问题，决策层基本上是领导班子，但是问题却发生在基层。一线工作人员更了解情况，因此我们应该降低决策的重心，将决策权下放，让一线工作人员决策，或者将一线工作人员吸纳到我们的决策程序当中，而不是由我们代替基层去做决策。

两难问题的决策

第二个令人困扰的决策难题是两难问题的决策。所谓两难问题的决策，不是对和错的决策，而是两种选择似乎都很有道理，却又都不太令人满意，这是一种价值困境。比如，当师生的利益发生冲突时，究竟是学生第一，还是教师第一？在学校管理中，是注重个性化，还是注重统一性？管理学生时，自由与纪律哪个更重要？决策时遇到情、理、法的冲突，究竟如何排序？

遇到两难问题时，我们需要重新回到价值观上来。决策既是一种事实判断，也是一种价值判断和价值选择。人们做决策时其实是见解为先，或明或暗、有意无意地用价值观来指导自己。

价值观是观念层面的东西，我们可以把它具化为若干可操作的原则。有一本不错的管理学图书叫作《原则》，我们可以读一读。我们是用原则来指导自己做决策的，背后有教育价值观和管理价值观的指导。我们不能停留在实用主义和经验主义的层面，而要有价值自觉和价值自主。当然，我们做决策时所遵循的价值观和原则应该是一致的，但具体的办法可以是灵活多样的。

两难问题的决策常常让人很纠结。如何检验两难问题的决策是否合情合理？我们可以进行测试，或者进行三个追问。

第一个追问是自我测试。我们做两难问题的决策时要问问自己,如果当事人是我们自己或自己的亲人,我们会怎么办?这是角色换位,关怀他者,追求自我与他者的平衡。比如,我们在处理一个学生之前要设想一下,如果这个学生是我们自己的孩子,我们会怎么办?我们在处理一个老师之前要想一想,如果这个老师就是我们自己,我们希望领导怎么办?这就是自我测试。

第二个追问是自我评价。我们做两难问题的决策时要问问自己,做出这个决策的人是我们想象中的自我吗?是我们喜欢的自我吗?我们所做的事与我们内心的价值观一致吗?我们内心的情感体验是正面的还是负面的?我们不能成为自己厌恶的人,这是自我内心深处的一致性,追求理性与情感的平衡。换句话说,如果我们做了一个决策后,内心觉得很不安,甚至很纠结、很忏悔,觉得对不起人,有一种负面的情绪体验,那有可能我们的这个决策是有问题的。

第三个追问是公众测试。我们做两难问题的决策时要问问自己,如果该行动方案成了公众监控的目标,我们还会不会选择该方案?如果上级要求我们在大庭广众之下为我们的选择进行辩护,我们该如何做?这是为决策寻找正当性理由,追求义务与后果的平衡。这样做的目的是让两难问题的决策能够经得起公众的检验。

这种追问不仅是理性分析的过程,更是情感拷问的过程,"当我们能够把这一情感过程与理性思考结合起来的时候,我们就具备了伦理自主性;当我们培养出一种融理性与情感于一体的行为方式时,我们就拥有了正直感这种高尚的道德准则。"[①] 我们就能说服别

---

① 库珀.行政伦理学:实现行政责任的途径(第 5 版)[M].张秀琴,译.北京:中国人民大学出版社,2010: 38.

人，同时说服自己。良好的决策其实是在"寻求一种可接受的、针对具体情况的、与我们的价值观和外部义务等因素协调一致的行动方案"①，它也有利于我们保持内心的整体认同感、言行一致性，以及内心理性与情感的平衡。

决策的虚假一致性

决策的虚假一致性是学校决策中经常出现的问题。我国中小学实行校长负责制，似乎学校是校长一个人说了算，学校决策好像就是校长的个人决策，其他人几乎没有反对意见，呈现出决策的虚假一致性。这样做出的决策风险很大。

在决策过程中引进反对意见很重要，因为决策来自冲突，就像德鲁克所说，"除非有不同的见解，否则就不可能有决策"②。如果在决策一个问题的时候，校长提出一个方案后大家都说好，都说校长说得对，没人有不同意见，也没人去思考反对意见，这不是一个好现象，这也可能是决策风险最大的时候。

一般来说，决策一个问题时，校长不要一开始就抛出自己的观点，要先听听大家的意见，而且要特别有意识地去激发反面意见，让那些有差异的、视角多样的意见能够被提出来讨论。有时候反面意见本身可能就是决策的另外一个备选方案，而且反面意见可以激

---

① 库珀.行政伦理学：实现行政责任的途径（第5版）[M].张秀琴，译.北京：中国人民大学出版社，2010: 95.

② 德鲁克.卓有成效的管理者[M].许是祥，译.北京：机械工业出版社，2018: 176.

发我们的想象力，打开我们的视野。"唯有反面意见，才能保护决策者不致沦为组织的俘虏。"[①] 决策中的差异性视角、多样视角是最有价值的资源，它们可以让我们更全面地考虑各个方面的情况，研判可能出现的不同后果，让我们的决策更加周全和周密。

下属可能会揣测校长的意见，或者迎合校长的想法，很少有人会提出反对意见。这个时候，校长可以鼓励大家从相反的角度提出问题，也可以事先指派某个人扮演反对者的角色来提问。如果没有人站在对立面思考问题，校长可以将自己放在对立面，反过来思考问题，想想有没有其他方案。

[①] 德鲁克.卓有成效的管理者[M].许是祥,译.北京：机械工业出版社，2018: 178.

如何进行人性化管理
如何讲好学校管理故事
如何从评价走向诊断
新科学思维对学校管理有哪些启示
如何看待学校管理的隐性代价
如何应对学校管理中的两极困境
……

下篇

在学校管理中，有两类重要的管理机制：一类是激励机制，即调动和激发人的主动性、积极性和创造性，这是管理的核心；另一类是制约与评价机制，即让组织在正确的轨道上朝着正确的方向运行。如何以创新、智慧的方式来设计这两类机制，是学校管理的重要课题。

22. 如何进行人性化管理

不同的管理观基于不同的人性假设

首先要明确的是，人性化管理并不是一种软弱的管理，更不是放任，而是一种管理理论和价值取向，它是基于这样的人性假设：从本质上讲，人是向上和向善的。

不同的管理观基于不同的人性假设，"每个管理行为都源于假说和归纳"[①]，"每一个管理决策或者管理行为背后都有一个关于人类本质和人类行为的假设"[②]。

传统的管理理论认为，人本质上是好逸恶劳、不愿意工作的，所以人是需要控制的。管理学把它叫作 X 理论。这个理论主张用各种外在的手段控制人和驱动人工作。与此相反的 Y 理论相信，人在本质上是向上和向善的，并非好逸恶劳的，管理者完全可以通过激发人内在的力量驱动其工作。

X 理论认为组织在日常管理实践中存在的一些问题——比如员工态度消极，缺乏积极性、主动性，缺乏合作与分享能力等——都是由人的本性造成的。因此，X 理论认为这些问题是导致组织管

---

①② 麦格雷戈.企业的人性面[M].李宙，章雅静，译.长春：北方妇女儿童出版社，2017: 6, 37.

理不善的原因。Y理论则认为，员工的这些表现其实是组织管理不善的结果，而不是管理不善的原因。

上述两种观点对组织管理不善的归因完全不同，这就必然导致两种截然不同的管理观和管理方式。基于X理论的管理者，通常会从外部去控制人的行为；而基于Y理论的管理者则注重依赖个人的自我控制，通过激发个人的内动力来进行管理。后一种管理就是人性化管理。

人性化管理的基点是人的需求

与人性假设相关的另一个假设是需求假设。

人的需求是分层次的。马斯洛（Abraham Maslow）认为，人的需求大致可以分为几个不同的层次：生理需求、安全需求、归属与爱的需求、尊重需求、自我实现需求。

人的需求是分先后的，只有低层次的需求被满足了，较高层次的需求才会出现。因此，管理者首先要满足员工的低层次需求。但低层次需求被满足后，便不再是驱动力。如果管理者不重视满足员工较高层次的需求，员工就会丧失动力源，有可能会转向低层次的物质追求。

高层次需求与低层次需求不同，一是它比较隐蔽，二是人们一旦开始追求它，将永不满足。所以，高层次需求是永恒的动力源。团结友爱、信任、尊重、安排有挑战性的任务等，都是满足员工高层次需求的重要方式。

一些教师的积极性不高、工作态度不佳，并非人的本性使然，而是因为他们的需求被抑制了，或者说没有被激发出来。时间长了，他们就会出现职业倦怠。因此，从根本上说还是管理的问题。

授权、参与式管理等人性化管理方式都与需求假设相关联。好的管理，不仅要满足人的物质需求，更要满足人的社会性需求，特别是人的尊重需求及自我实现需求。满足这两种需求才会真正激发人的内动力。

比如，在学校管理中用预算驱动人的工作，将学校的运行经费分配到年级组、学科组，甚至是项目组。预算单位在预算范围内可以自主支配相关经费。赋予一线教师一定的经费自主权，本质上是为了满足教师被尊重的需求。

再比如，在学校管理中进行授权，不仅是管理重心下沉，也不仅是授予下级一定的权力，从根本上说是授予下级一份信任和责任。在学校管理中进行分权也不仅是为了权力制衡，更重要的是满足人们被尊重的需求。

参与式管理不仅是民主管理的体现，更是管理者对教师的尊重和认可，目的是让每个人都觉得自己很重要，进而激励大家为实现学校的目标贡献自己的创造力。

有的校长说，我们学校的教职员工只关注金钱报酬，对其他东西不感兴趣。其实，这是因为他们的其他需求没有被满足，所以金钱就顺理成章地成为关注的焦点。我们要打通教师需求的环节，及时将激励的重点转向社会性需求、尊重需求和自我实现需求，避免将教师们的需求长期抑制在较低层次。如果一个人的高层次需求得不到满足，他就会有一种被剥夺的感觉，反过来追求更多的金钱报酬。

人性化管理的基点是人的需求。需求一旦被激发，就能驱动人的内动力。所以我们说，管理本质上是管理人的需求。

尊重教师，把教师当成最重要的资源

人性化管理就是把人当人看，尊重和顺应人的天性，并相信人在本质上是向上、向善的。有人认为，控制化的管理可以带来较高的工作效率，而人性化的管理可能会降低工作效率。这其实是认识的误区，高效率的管理不一定都是人性化的管理，但是真正的人性化管理一定会带来高效率。如果没有带来高效率，那是因为人性化管理实施不到位。

在学校管理实践中，有许多人性化管理的具体做法。比如，解决教师的后顾之忧，关注教师的衣食住行，为青年教师的子女开设放学后的兴趣班，帮助教师解决子女上学、就业和家属就医等问题；开展暖心活动，为新入职教师举行迎新酒会，为退休老教师举办欢送会，为教师过生日等；设置教师人文假，为教师参加子女家长会、参加子女的毕业典礼等提供方便；关注教师的身体健康，不鼓励教师带病上班，雨雪天等恶劣天气让怀孕女教师在家休息，提供职业病保健，注重教师的心理调适等；助力教师专业成长，创造条件让教师自由购书，开展读书会、教学沙龙、教育论坛，鼓励学历进修和跨专业研修等。

总之，学校里的人性化管理，要依照人的需求层次给予教师职业尊严和价值认同，让教师有归属感、安全感、成就感；要通过激发教师的内在需求和动力，来推动学校的发展。

实施人性化管理的管理者还应有一个很重要的理念，那就是把教师看作自己的内部客户。管理学中的一个通则是你为谁服务，就由谁来评价。我们如果真的把教师当作内部客户，就要请教师来评价我们。只有教师幸福了，学生才会快乐；只有教师敬业了，学生才会有进步。有了满意的教师，才有可能有满意的学生。

会用人，还要会选人

人性化管理还体现在选人上。曾担任过惠普全球副总裁的孙振耀先生说："为什么惠普一个普通员工的面试总裁都要来参加？那是因为员工是我们最重要的资产。假设你想买一件非常珍贵的东西，比如说一颗钻石，你肯定会亲自挑选。"①

同样，既然教师是学校最重要的资源，那么招聘教师的工作校长就应该亲自把关。如果校长说没有那么多时间，那一定是因为他觉得这件事不重要，或者说，他觉得教师不重要。

青岛中学有专门的人力资源部负责教师招聘工作。教师招聘分为四个环节：笔试、专业能力测试、无领导小组讨论和综合面试。这四个环节是相互独立的，没有一个人可以同时在两个环节中担任评委，这样设计的目的是保证评价的独立性和客观性。在综合面试环节中，校长和校务委员要全员参加，把好最后一关。

这四个不同的环节除了考察教师的专业能力外，还特别重视考察教师的价值观、人格特质、发展潜力和综合素质。招聘是一场理性的婚姻，双方觉得合适是最重要的，一厢情愿不可能产生持久且具有稳定性的关系。教师的价值观、亲和力、活力、对儿童的热爱、对教育的热爱等非常重要，因为教师要和儿童打交道，要用个性影响个性，用人格影响人格。

目前大多数公办学校并没有自主招聘教师的权力，基本上是教育行政部门和人事部门组织教师招聘。但从发展的趋势来看，随着学校办学自主权的扩大，学校未来应该会拥有选人、用人的权力。

---

① 高建华. 笑着离开惠普 [M]. 北京：商务印书馆，2006: 6.

2017年山东青岛市发布了《青岛市中小学校管理办法》，明确规定中小学校可以在核准的进人计划内，自主招聘紧缺专业人才和高层次人才。2020年教育部等八个部门发布了《关于进一步激发中小学办学活力的若干意见》，明确要求扩大学校的人事工作自主权。这样的未来是可期的。

离开不是背叛

如何对待离开的教师，也能体现学校人性化管理的水平。在现代社会，人才流动非常正常，有的人是主动离开，有的人可能是被动离开。若人们离开学校以后还说学校好，对它满怀敬意，这就是一所伟大的学校。

《笑着离开惠普》这本书里说，对于那些无法挽留的优秀员工，惠普都会举办一个离职欢送会，一是为了增进感情交流；二是希望听到离职者的真实感受，因为这时候离职者可能会很坦诚、很真实，所以他说的无论是表扬还是批评、建议，都很有参考价值；三是为了表达理解和尊重，尊重离职者的选择，同时也随时欢迎他回来。惠普的大门永远对优秀的员工敞开。惠普的每一个员工都有一个唯一的工号，这个工号会永远保留，员工若离职后再回来还可以继续用原来的工号。这是一个很小的举动，却具有温暖的力量。[1]

我的一个朋友曾在中国青年报工作，后来离职自己创业。他说他一直觉得自己还是一个"中青人"，他认为每一个离开中国青年报的人都会被深深地打上中国青年报的烙印，都会为自己曾经是

---

[1] 高建华. 笑着离开惠普[M]. 北京：商务印书馆，2006: 97.

"中青人"而自豪。大家虽然因为各种原因而离开，但是都很感激这个组织。

我曾工作过的马鞍山二中也是这样。有些教师因为各种原因离开这所学校，但当他们谈起自己的过去时，都会为自己曾经是"二中人"而感到骄傲，并对二中这个大家庭充满感恩和留恋。我曾经两度离开这所学校，离开之后，经常会牵挂、关注她，为她的每一个进步感到自豪。如果听到别人说她不好，我会非常难过。

但是我们也会经常看到这样的情况：面对要离开的优秀教师，学校设置了各种障碍，最后弄得大家不欢而散，哪里还有心思去举办什么欢送会。其实，即使留得住人，也留不住心。每个人都是社会的一员，都有选择离开的权力。人才流动是社会进步的一种表现，合理的人才流动对一个组织来说，有时候甚至是必要的、健康的。

人往高处走，水往低处流，这是自然现象。选择离开的人一定是下了决心的。有些人选择离开，可能恰恰是因为我们管理者做得不够好，没有善待他们。人们离开的往往不是公司，而是他的上司，所以我们应该更多地检讨自己。

有些人选择离开是为了让自己的事业得到更好的发展，或者是解决夫妻两地分居等个人生活上的问题。面对这样的离开，我们应该尊重他们的选择并真心地祝贺他们，因为离开并不是背叛。

23. 如何讲好学校管理故事[①]

一个优秀的学校管理者应该善于讲述学校中的管理故事。空洞地阐述理念是一种乌托邦式的说教，而在学校管理实践中，鲜活的故事最能打动人心，并让人记忆深刻，而且讲述故事能够促进我们不断反思并优化自己的管理实践。所以，学校管理者传播学校理念的最好方式是讲述一个个真实的管理故事。那么，什么样的故事才算是好的管理故事？如何讲好学校中的管理故事？

把握立足点：讲述真实的学校管理故事

真实是有力量的。被誉为"俄罗斯的良心"的著名作家索尔仁尼琴（Aleksandr Isayevich Solzhenitsyn）有一句名言："一句真话比整个世界的分量还重。"学校管理者只有讲述那些自己真正经历过的、发生在学校里的故事，讲述那些触动自己内心的真实故事，才有可能打动别人，因为真实的故事具有教育的温度。

讲述真实的学校管理故事，管理者需要有诚意和勇气。我记得，2011年李希贵校长在一场公开的学术报告中，专门讲述了他在学校管理中的16个"失败"的故事，借此反思他过去的教育管

[①] 本文发表于《中小学管理》2019年第6期，略有修改。

理行为，并对失败做出了新的定义。李希贵校长的报告让人印象深刻，也带给我们很多启迪。

我也有过类似的经历。2012年下半年，我在长三角名校长培训班学习期间，班里的同学来到我当时任职的马鞍山二中参观考察。我应邀与同学们做教育分享，并专门讲述了自己的五个失败的教育故事，其中有这样一个真实的故事。

2012年夏天，我们的友好学校日本伊势崎市立第二中学的师生代表团到我校参观访问。在欢送会上，一名日本高中生来到我的桌前和我交流。借助翻译，我听懂了他的问题。他问我："校长，你们学校的墙上有一个高考光荣榜，上面写的是今年所有考上大学的学生的名字以及他们各自考入的院校名称，那您有没有考虑过，是否所有学生都愿意让学校将自己的名字和考取的学校挂在墙上呢？如果有学生不愿意，您会怎么办？"我一时哑然，因为我们没有征求过学生的意见，也确实没有考虑过学生的意愿和感受。

这名日本高中生的提问使我反思：学校里的高考光荣榜究竟意味着什么？我们为什么要展示学生的高考成绩？我们是否尊重了学生的意愿与感受？其实，这个管理细节也反映了学校管理者的学生观、管理观和政绩观：我们究竟是为了学生，还是为了学校？我们是否在将学生的成绩作为学校甚至是校长政绩的标签？这件事发生后，我和同事们讨论后决定永久性地拆除高考光荣榜。

结合上面的经历，我想说的是，在讲述学校管理故事的过程中，我们不能只讲那些光鲜的故事，也要讲失败与问题；不能只讲那些美好的结果，还要展示故事发生的真实过程，呈现其中真实存在的问题，以及在解决问题的过程中遇到的各种挑战和冲突。只有这样，我们才能让人信服，也才能给教育同行以切实的启发。

选好切入点：以新颖的角度讲述熟悉的故事

新奇的故事本身就能吸引人，但那些大家熟悉的学校管理故事怎么吸引人呢？这就需要我们从陌生的、新颖的角度去讲述。我们应该如何选择角度呢？

一是以小见大。讲述学校管理故事宜从小角度切入，然后挖掘其中蕴含的深刻道理。比如，在学校日常管理中，学生花名册中的学号是按照入学的成绩编排，还是按照姓氏笔画编排，或者是随机编排？这看起来是个技术问题，其实不同的编排方式体现了不同的学生观和教育观，我们需要重新审视。又比如，如果从深层次上考虑，"自由着装日"活动其实涉及如何定义校服、如何理解校服在学校教育与管理中的作用与意义等问题。如果我们能从新的角度去阐释这些学校管理中司空见惯的事情，我们就可以洞见平常事情中隐含的教育价值取向。

二是转换视角。教育管理中存在两种视角：成人视角与儿童视角。教育与管理其实就是这两种视角的对话。因此，讲述学校管理故事既可以从成人视角出发，也可以从儿童视角出发。作为学校管理者，我们平常习惯以成人视角和管理者立场来观察学校及学校管理，而当我们以儿童视角重新打量学校并审视我们的管理时，极有可能获得全新的理解和感受。

2012年元旦，马鞍山二中按照惯例发布了"2011年学校十件大事"，主要是站在管理者的角度总结了过去一年中学校发生的大事。不久，学生会又在全校学生中开展了题为"我心目中的2011年学校十件大事"的评选活动，并公开了评选结果。我们对两次评选活动的结果进行对照，发现只有40%的内容基本重合。很显然，学生关注的是和他们相关度大并且给他们留下深刻印象的事情，因此学校评选出的大事他们也许并不在意,而学生评选出的大事学校也许觉得是小事。①

这件事引发了我的思考:学生关注的事究竟是大事还是小事?是什么造成我们和学生之间看问题的差别?能不能把学生关注的事引入管理者的视野?能不能借用学生的眼睛来审视我们的学校,进而改进我们的管理?后来,我将这个管理故事以及若干思考整理成文章《管理者和学生的视角差异究竟有多大?》,并发表在2012年第7期《中小学管理》上。这篇文章后来被中国人民大学书报资料中心《中小学学校管理》全文转载。

转换视角还包括从内部视角或外部视角来讲述学校管理故事。一般情况下,我们习惯于从教育和学校内部来思考问题,但如果站在教育和学校之外来审视学校管理,我们也许可以获得一种全新的理解。比如,从企业管理的角度来观察学校的组织结构,我们就会发现,中小学的组织结构存在同形复制的情况。大部分学校基本都包含办公室、教导处、德育处、总务处几大处室,全国公办中小学的组织结构几十年来几乎没有变化,远远落后于企业管理对组织结构的研究和实践,也远远不能满足学校管理转型与变革的需要,而这或许可以成为我们进行管理创新的一个切入点。

关注价值点:深度反思现象背后的问题

讲述和分享学校管理故事的目的之一是给教育同行提供启发与

---

① 汪正贵.管理者和学生的视角差异究竟有多大? [J].中小学管理,2012(7):21.

借鉴，这就要求我们对日常的教育管理事件进行深度反思，探寻现象背后的根本性问题。杜威曾经说过，我们不是从经验中学习，而是从反思中学习。没有反思，就不可能有提高，没有反思的经验是没有价值的。问题→实践→反思→改进→再实践→再反思，这样的闭环就是一个不断学习和提高的过程。

比如，我从事校长工作多年，始终在反思以下问题：为什么在校园里，只有不到60%的学生会主动和校长打招呼？产生这个现象的真正原因是什么？校长对学生而言究竟意味着什么？校长与学生之间是否结成了有意义的关系？关系在学校教育中的作用和意义是什么？后来，我将与之相关的学校管理故事及反思整理成一篇文章《从相遇走向相依——学校教育中"关系"的意义》，并发表在了2016年第1期《中小学管理》上。

又比如，一直以来，学校管理者有个认识误区，认为学校管理不是经济活动，因此很少考虑成本、代价和效益，而更多地考虑管理的效率和有效性，关注具体问题的解决和管理目标的达成。其实，学校管理是有成本和代价的。显性成本和代价一般是物质上的，主要指学校管理中人、财、物的消耗；隐性成本和代价一般是制度性的，主要指管理中的制度设计与实施带来的学校物质、文化或师生心理方面的损伤。隐性成本和代价虽然不易显现和被察觉，但其影响却更为长远和深刻，甚至会影响到学校组织文化的健康发展。我结合平时学校管理实践中的真实案例对这些问题进行了深度反思，撰写了《莫忽视学校管理中的隐性成本问题》一文，并发表在了2018年第9期《中小学管理》上。

如上所述，只有深度反思管理故事中的现象及其背后的根本性问题，才有可能找出导致问题的真正原因，并且有所改进。

探寻生长点：保持对实践的敏感性与价值自觉

故事来自鲜活的实践，但大多数学校管理者由于常年沉浸于学校管理，容易陷入琐碎烦冗的实践之中，进而变得迟钝和麻痹，逐渐丧失了对实践的敏感性。因此，作为学校管理者，我们必须时刻保持对实践敏锐的洞察力和体验能力。结合过往的经验，我认为可以从以下方面进行尝试或改进。

一是学习换位思考。比如，我们可以走出办公室，以一名普通教师的身份，到食堂、阅览室或其他地方体验一下学校的管理，想一想教师在学校的工作和生活中会遇到哪些问题；我们也可以以一名学生的身份体验一下校园生活，了解学生究竟如何度过在学校里的一天，其间可能会遇到什么样的问题；我们还可以假设自己是一名家长，甚至一个外来者，到学校里走一走，看一看，看它会给我们留下什么样的印象；甚至我们还可以假设自己是刚刚来到这所学校的校长，由此思考如何设计、规划并改进这所学校的管理。

换位思考可以帮助我们"把存在当作一种对象来'进行'认识，像里尔克所说的，把万事万物从自己身边推开，以便采取一个角度或态度，'以稀少的亲近和敬畏的隔离来同它们接近'"。① 对当下的"存在"保持一点儿距离，保存一点儿批判与反思，可以避免自己被当下"存在"的河流裹挟，避免自己随波逐流，从俗而去。

二是努力具备价值自觉。所谓价值自觉，就是能够系统而有意识地思考我们日常管理行为的价值指向，不断自觉地反思自己的管

---

① 江弱水.蜀中过年十绝句[J].读书，2013（6）：100.

理行为及其背后的价值观,以及这些价值观的科学性和教育性。价值自觉能够让我们"更加觉悟到我们的选择的道德特性,更加自觉地面对我们的选择并且更加清楚地看清它的道德内涵"[1]。我们需要不断地从高处和远处回望自己、检视自己,对我们的管理实践保持足够的价值警醒,从而使我们的管理行为始终符合正确的教育价值观。

走向延伸点:依靠读书写作丰富管理故事的表达

当然,要想对学校管理故事进行深度的价值反思,读书与写作是必不可少的训练途径。读书可以开阔我们的理论视野,让我们的思考具有一定的理论深度和厚度;实践是混沌与破碎的,理论可以帮助我们洞幽烛微,照见混沌破碎的实践中隐藏的线索与意义,给予实践观照和反思。

写作则是深度思考的另一种途径。我们平日的反思可能是肤浅的、碎片式的、表面化的,而一旦我们要将其整理成文,就要进行较为系统的深度思考。所以有人说,写作才是真正思考的开始。因此,我主张将写作看成是反思的重要手段,以及讲述学校管理故事的重要形式。

多年前,我准备撰写博士论文时,导师建议我从管理案例入手。于是,我回顾自己多年来的学校管理实践,撰写了几万字的学校管理案例,也就是管理故事。这为我后来的博士论文研究与写作

---

[1] 鲍曼.生活在碎片之中——论后现代道德[M].郁建兴,周俊,周莹,译.上海:学林出版社,2002:序8.

提供了非常重要的帮助，也让我有机会全面反思自己的管理实践。正是从这些管理故事中，我得以冷静剖析自己的管理价值观，反思管理中的问题，从而更好地改进自己的管理实践。而如前文所讲，我将对学校管理中一系列问题的思考撰写成文并在期刊上发表的经历，也是借由写作促进深度反思、丰富学校管理故事的表达的真实例证。

24. 如何从评价走向诊断

没有评价就没有管理，有效的评价是管理的基础。第二次世界大战中，美国军方订购的降落伞的合格率只有90%左右，军方要求军火商提高合格率，军火商表示已经尽了最大努力，除非奇迹发生，否则不可能再提高合格率了。巴顿（George Patton）将军知道后，要求在每批降落伞中随机挑几个，请降落伞厂家的负责人试跳。结果奇迹发生了，此后降落伞的合格率提高到了100%。这就是评价的力量。

关于评价有一个重要的理念：评价是为了促进（improve），而不是为了证明（prove）。在学校管理中，引入评价是为了诊断、促进或者改进，而不是为了鉴别、区别和证明。评价不是为了将人分为三六九等，而是为了促进教师反思、改进自己的教育教学行为。人们愿意和喜欢被考评，但不愿意被他人主观地评价，也不喜欢被鉴定，特别是被他人主观地鉴定。鉴定式的评价是为了区别，是一种价值判断；诊断式的评价是为了改进，是一种事实判断。考评的目的会影响人们对待考评的态度，是提供反馈、促进学习和进步，还是评判、施加控制和检查，结果完全不同。我们应该多一些客观的事实判断，少一些主观的价值判断，从评价走向诊断，从证明走向促进。

你评价什么，就可能拥有什么

管理学理论告诉我们，考评什么，就可能获得什么。所以，我们要考评真正想要的东西，而不是次要的甚至是无关的东西。

从评价内容来看，在学校管理中，除了学生的学业评价与诊断以外，至少有四类评价是比较重要的。第一类是满意度评价，主要包括学生对教师的满意度评价，教师对管理和服务部门的满意度评价，家长对学校的满意度评价等。第二类是绩效评价，主要是对教师的教育教学绩效的评价，包括工作量和工作业绩两个方面的内容。第三类是关系评价，主要是对师生关系、教师团队合作关系、家校关系、社区关系等的评价。第四类是绿色指标评价，主要是对学生的体质与心理健康、学生的运动时间和睡眠时间、教师的身心健康等的评价。

学校评价有不同的价值取向：是个体取向还是团体取向，是过程取向还是结果取向，是业绩导向还是客户导向，是定量评价还是定性评价……不同的价值观决定了不同的评价导向，不同的评价导向发挥着不同的作用。

第一，关于个体评价与团体评价。一般来说，评价教师的学术能力宜以个体评价为主，而评价教师的教学业绩应该以团体评价为主。特别是对中考成绩和高考成绩的评价，应该以学科和年级为评价单位，而不应以教师个人为评价单位，以避免教师之间的不正当竞争。如果过于注重个体评价，教师之间的合作与分享就难以落实。

第二，关于过程评价与结果评价。评价学生的学习应该以过程评价为主，而不是只着眼于结果评价。从某种意义上说，过程评价也是形成评价，可以及时给予学生反馈，不断激励和修正学生的行为。评价教师的教学应以结果评价为主，因为教师的工作是个体性和创造性极强的劳动，我们应该给予教师足够的空间，让其创造适合自己的教育教学方式，自主发展，多样化成长。过程放开，评价结果。这些评价机制的背后隐含着特定的学生观、教师观、管理观和教育观，正确的价值观才能保证评价机制的有效性。

第三，关于业绩导向与客户导向。对教师的评价主要应以业绩为导向，进行结果评价；而对服务性部门和管理部门的评价，则宜采用客户导向，进行满意度评价。我们重视什么，就评价什么。对于教师，我们需要的是良好的教育教学业绩；对于管理和服务部门，我们需要的是高质量的服务。

第四，关于定量评价与定性评价。我们要避免过度依赖定量评价。许多考评，特别是质量考评，就其本质来说是定性评价，如果换成定量评价的方式，可能会造成一种错误的精确。我们需要的是准确，而不是精确。教师的劳动是极具个体性的，是良心活，很多付出难以用定量的方式来考评。一些管理者却愿意考评那些容易量化且浮于表面的事情，那些没法量化的重要的事情却不被人重视。比如，检查备课笔记，却不重视评价课堂效果；重视教师考勤，却不重视评价师生关系、教师的爱心和敬业精神；重视教师发表论文数、公开课获奖次数，却不重视评价教师的教学业绩。评价了次要的东西，真正重要的东西反而评价不足，这是舍本逐末，结果可能事与愿违。

第五，关于非正式评价和第三方评价。非正式评价具有正式评价所具备的激励作用，又避免了由正式评价的高利害性带来的可能的负面影响。比如，青岛中学每月评选若干名教师"月度人物"，学生在年级期末总结会上发起对年级教师的表彰，等等。这些评价没有特别正式的评选程序，也不与利益挂钩，但同样具有激励的作用。在学校评价中引入第三方评价，有助于提高评价的专业性、客观性和独立性，减少情感因素对评价的干扰，避免因人情关系引发的误会与偏差。青岛中学请北京 E 智慧团队每年对学校进行两次专业的评价与诊断，有效地促进了学校的改进和发展。

评价的误区与应对策略

评价是一把双刃剑，如果使用不当，会伤及管理。坏的评价还不如没有评价，因此我们要慎用评价。在评价中，我们应该注意以下几点。

首先，评价不要与奖励结合得太紧，奖励不要过大。任何评价都有不足，如果评价与奖励结合得太紧，就会放大评价的不足，还会让人去利用这些不足。人都有趋利避害的天性，如果评价与奖励结合得太紧，人们就有可能不择手段地完成目标，但完成目标后就会停止努力。这并非人性的弱点，而是管理将人性中的恶激发出来了。有些学校就出现过这样的现象，教师评上高级职称后不愿意再上讲台，而申请去当门卫了。

如果奖励过大，人们关注的往往是奖励本身，而且可能为了奖励而不择手段，以致忘记了真正需要评价的东西，甚至扭曲了评价的目的。本来奖励只是评价的手段，但这时的奖励却变成了目标。这样的评价往往会走入误区，违背初衷，甚至走向评价的反面。

其次，注重考评的信度。有些人是"看上去好"，而不是"真的好"。要警惕"那些穿着闪亮的鞋子，却怎么也走不快的人"[1]。比如，有的教师善于写论文，每年能发表多篇文章，但其课堂教学的实际效果却不尽如人意。

再次，着眼于学校全局，避免局部思维。因追求局部最优化而忽视了全局与整体，往往会引起局部的恶性竞争。比如，注重个人考评，却损伤了团队的合作精神，最后因小失大。

最后，避免考评过多。不要期望面面俱到，我们应该考评最重要的东西，而不是什么都考评。"我们考评过多，但从考评中得到的太少。"[2] 考评过多、成本太大，会导致我们评价了次要的东西，而忽视了重要的东西。

评价是个牛鼻子，谁拥有评价权，谁就拥有影响力。我们应该引入企业管理中的客户评价原则，由我们的客户，即我们的服务对象来评价我们的工作：学生评价教师，教师评价管理者，一线评价二线。这样的评价方式能够将我们的眼光向下引领，让管理者关注教师，教师关注学生。这样的闭环才是良性的管理，以师生为本、以学生为中心的理念才能真正落实。

注重对无形资产的评价

在学校管理中，那些无形的东西难以评价，但往往又是最重要的，比如师生关系、组织氛围、教师的爱心与敬业精神、学校文化与学校精神等。美国西南航空公司前首席执行官赫布·凯莱赫

---

[1][2] 斯彼德. 绩效考评革命——反思考评方式，驱动团体成功 [M]. 龚艺蕾，译. 北京：东方出版社，2007: 26, 30.

（Herb Kelleher）曾说："无形物才是竞争者最难模仿的事情……我们的内心精神——文化和热情——才是我们最有价值的竞争资产。"[①] 学校也是这样，学校文化和学校精神恰恰是学校最有价值的资产。如果我们不对这些无形资产进行考评，或者考评得不好，实际上我们对无形资产管理得也不好。所以，我们要学会考评这些无形资产。

我们先看一看对合作的考评。我们应该将教师的合作态度、教师参与情况、学科组或者年级组等小组织的合作氛围等纳入对教师个体或部门的考评之中。教师的劳动本身具有极强的个体性，因此倡导教师间的合作与分享就变得非常重要。通过评价合作，我们就可能收获合作与分享的学校文化。比如，评价中考或者高考的教学业绩，应以团体为评价单位而不应以教师个人为评价单位，目的就是倡导教师之间的合作与分享。又比如，在青岛中学，一个管理者的绩效工资是他所管理的教职员工的平均绩效工资，因此，如果管理者希望提高自己的绩效工资，就要帮助自己管理的教职员工提高教学业绩和满意度。这本身也是一种评价，是用评价的方式倡导合作、互助与共同成长。再比如，青岛中学在聘任教师的时候，教师的合作态度也是一个重要的参考维度。聘任是最重要的评价，它可以引领教师不断地改进自己的意识和行为，进而形成合作、分享和互动的文化。

我们再看一看对关系的考评。重视什么就评价什么，评价什么就会收获什么。在青岛中学，我们特别重视对师生关系的评价。在

[①] 斯彼德. 绩效考评革命——反思考评方式，驱动团体成功 [M]. 龚艺蕾，译. 北京：东方出版社，2007: 229.

师生关系中，教师无疑是主动方，因此学生对教师的评价主要侧重于师生关系的评价。如何评价关系这样无形而重要的东西，是一个挑战。我们可以将师生关系转化为具体的评价维度，将其应用到教育教学诊断或评教活动之中，比如：

- 老师一直是我信任的人。
- 老师总是按照承诺办事。
- 老师总是公正地对待我。
- 如果出现问题，我总是指望从老师那儿得到公正满意的解决办法。
- 我很自豪成为他的学生。
- 对像我这样的人来说，这是最完美的学校。[1]

这样的评价既是一种诊断，也是一种引导，它能促进教师注重良好师生关系的建立、维护和改善。

---

[1] 斯彼德. 绩效考评革命——反思考评方式，驱动团体成功 [M]. 龚艺蕾，译. 北京：东方出版社，2007: 245.

25. 新科学思维对学校管理有哪些启示[①]

世界观是对世界的看法和解释，本质上是一种基于某种学说和理论的信念和假设。世界观影响着人们的思维方式和行为方式。近代以降，牛顿（Isaac Newton）理论成为西方文化的主导世界观和近代科学的基石，并逐步影响全世界。

19世纪末20世纪初，一些科学家认为物理学要终结了，因为经典物理学完成了对世界的描述。似乎物质世界的一切现象都可以从经典物理学中获得完美的解释。

但是，按照哥德尔（Kurt Godel）不完备定理，没有一种理论是完备的，任何理论都是有边界的，超越这个边界，就不再有解释力。

20世纪初，物理学的天空飘来两朵乌云，在此基础上产生的相对论和量子力学为解释宇宙宏观世界和量子微观世界提供了新的学说。

包括相对论、量子力学、混沌理论、自组织理论等在内的新科学理论为人们认知世界提供了新视点，也给管理学和组织学提供了新启示，给学校管理提供了新思维。奇妙的是，这些新思维与中国

[①] 本文参考了李善友的《互联网世界观》（机械工业出版社2015年版）以及玛格丽特·惠特利的《领导力与新科学》（浙江人民出版社2016年版）。

的传统智慧暗合，更加注重变化和不确定性，更加注重关系和连接，更加注意开放和适度失控。

只有变化是不变的，只有不确定性才是确定的

1687年，牛顿发表了《自然哲学的数学原理》。自此，牛顿的经典物理学开启了一个时代，即工业时代。在整个工业革命及其以后的350年的西方文化中，牛顿的经典物理学始终占据主导地位，并且由一种学说发展成为整个西方世界的主导思维模式。牛顿的经典物理学是机械论的世界观，认为世界就是一台机器，可测量、可确定、可预知。根据这个世界观，泰勒（Frederick Winslow Taylor）的科学管理思想于1911年诞生了。这种建立在计划、控制、组织基础上的管理，使生产效率提高了50倍。

20世纪30年代，量子力学成型。根据量子力学理论，宇宙中的所有事物都是由原子和亚原子粒子组成，它们被概率性和不确定性约束着，本质上符合一种概率理论。这个理论对确定性提出了挑战。

1927年，量子力学的开创者海森堡（Werner Heisenberg）提出不确定性原理，也叫测不准原理。这个原理的内容是，测量这个动作本身不可避免地搅扰了被测量粒子的运动状态，影响了测量结果。这个原理动摇了牛顿经典物理学的客观测量的基础，也就推翻了经典物理学的决定论。按照这个理论，测量者与被测量对象之间不可分割，测量代替客体成为核心，客体的存在状态取决于主体的测量行为。这也打破了笛卡尔（René Descartes）的二元论思维。

这给人们带来了新的世界观：对事物的认知和行为创造了新的事物。这种不确定论，更加注重行动的价值，因为行动可以创造和

改变环境。

这个理论对学校管理的启示是行动为先。不要等环境改变了、条件成熟了再行动，永远不可能有条件成熟的时候。反过来，行动本身可以改变环境，甚至创造环境，为下一步行动创造条件。行动比计划更重要，变化永远比计划快，唯有行动才可能带来改变。我们要小步快跑，快速迭代，摸着石头过河，用上一个行动为下一个行动开辟未来，以行动达成目标。对此，李希贵校长曾经形象地比喻：先开枪，后瞄准。他说的是同一个道理。

在这个变化的时代，我们要学会拥抱不确定性，因为不确定性可以产生活力，带来改变；我们要永远保持心灵的新鲜，永远保持空杯心态，不停地寻找新知；我们要行动起来，以行动应对不确定性；我们要将眼前的事情做好，做到极致，美好的事物自然就会出现。所以，未来不是我们计划要去的地方，而是我们要用行动创造的地方。

当然，人天然地追求确定性，因为确定性让人安心、有安全感。越是处在变化的时代，越是要有长久坚守的价值观，但是我们不能耽于平衡和稳定。生命的特征是变化，平衡和稳定是相对的、暂时的，而变化是不变的，不确定性才是确定的。只有坚守不变的价值观，不断改进行动，我们才能够应对这个充满变化和不确定性的时代。

重要的不再是物质本身，而是事物之间的关系

在牛顿理论中，物质是最重要的。世界是物质的，物质是运动的，运动是有规律的。但是，量子纠缠实验（1982年）表明，在量子世界中，关系是最重要的，关系甚至就是存在本身。

1982年，法国物理学家阿兰·阿斯派克特（Alain Aspect）的物理实验证明，两个相关联的粒子，不管相隔多远，都存在着相互纠缠的关系：一个向上旋转，另一个必然向下旋转；一个向左旋转，另一个必然向右旋转。粒子之间存在超越时间和空间的关系，这就是著名的"量子纠缠"。量子纠缠给人们的传统世界观带来了巨大冲击，甚至有人据此提出，心灵感应有了科学依据。

在量子世界里，重要的不再是物质本身，而是物质与物质之间的关系。

其实马克思早就说过，人的本质是一切社会关系的总和。他进而提出，社会不是由个人构成，而是表示这些个人彼此发生的那些联系和关系的总和。这与量子理论不谋而合。

这给学校管理带来的启示是，构建关系是学校管理者的重要任务。学校外部关系，包括政校关系、学校与社区的关系、学校与兄弟学校的关系、家校关系等，决定着学校生存和发展的外部环境。学校内部关系，包括师生关系、干群关系、同事关系、学生之间的关系等，决定着学校的内部生态。

管理就是处理工作中人与人、人与物、人与事之间的关系，管理学首先是关系学。人的基本属性是关系，组织的属性也是关系。在学校中，关系就是学校文化和组织氛围，是学校的组织生态。若学校管理出了问题，一定是学校内部或外部的某种关系出了问题。管理也好，治理也罢，关键在于一个"理"字，也就是要理顺各种关系。构建良好的学校关系，其实就是建设健康的学校文化和生态，这是学校管理的核心任务。

好的关系有一种能量，能够产生积极意义。在《北京十一学校行动纲要》中有这么一段话："师生关系是教育教学质量的基础。学生'亲其师'，才会'信其道'。如果你讨厌你的学生，那么你的教育还没开始，实际就已经结束了。"所以李希贵校长认为，教育学首先是关系学；顾明远先生说，好的师生关系是最大的教育力量；孙云晓老师也认为，师生间的良好关系胜过许多教育。师生关系是学校最基本、最重要的关系，而关系会产生意义和能量。

打破边界，让组织适度失控

热力学第二定律也叫熵增定律。熵的本质是一个系统内在的混乱程度。熵增定律认为，在一个封闭的系统中，熵不可逆地增长，系统不可逆地走向混乱与无序，直至最后走向消亡。宇宙也是一个封闭系统，所以它也遵循熵增定律，会逐步走向热寂，最终消亡。

传统组织大多具有封闭属性。为了安全和方便控制，所以组织存在着外部边界；为了科学分工，所以组织存在着内部边界；为了让不同的人拥有不同的信息与资源，所以组织存在着权力边界。传统组织的核心就是边界。

如何克服熵增定律，或者说如何去熵增？唯一的路径是从封闭走向开放，打破边界，开放系统，与外界进行信息和能量交换，将不做功的熵与外界系统交换，从外界系统中获取自我更新与自我生长的能量。

这给学校管理带来的重要启示是打破边界，走向开放。

首先，我们要打开学校的外部边界。学校永远不可能存在于社会之外，教育问题更多的是社会问题的折射。所以，克服熵增定律首先要打开学校的外部边界，开门办学，与外界保持沟通和交流，了解外部的信息和期待，感知外部的变化和刺激，保持接纳和吸收的姿态。在青岛中学，我们主动引入第三方诊断和评价，引进第三方财务预决算审计；嫁接外部资源（包括外脑），外包非专业工作；借助家长和社区资源，充分关注社会期待。

其次，我们要打破学校的内部边界。我们要从管理走向治理，从制度走向机制，从管控走向服务。一个组织强调管理时，就会注重职责和管理边界；而当组织职能变成服务时，边界就被打破了，因为服务无边界。未来学校要从传统的科层组织形态转变为云组织形态，保持小规模、灵活性和非结构化。过去的组织像一个钟表、一个机器，未来的组织则像一朵云。青岛中学采取扁平化、分布式的组织结构，实行项目制管理，打破了传统的科层边界，建立了以学生成长为中心的管理流程和运行机制。

最后，我们要让组织适度失控，从平衡走向非平衡。有研究表明，在一个组织中，每年小于5%的人才流动有利于保持组织的健康。平衡是宇宙的终极状态，是死亡状态；而不平衡是系统成长的必要条件，不平衡才能变化和生长。鲶鱼效应与此道理相似。

局部的变化和不稳定性，反而确保了整个系统的稳定性和完整性；局部的平衡反而可能会带来整体系统的死亡。整个系统通过支持其内部发生的变化而获得稳定性，这是平衡的悖论。

2019年底澳大利亚的山火让人心焦。其实，这里面也有平衡的悖论。偶发的小火可以定期清理掉易燃的灌木丛和枯死的树木，可以消灭掉易燃的火种，但为了保护自然生态，当地政府要求随时扑灭自然发生的小火。这样建立起来的系统处于脆弱的平衡状态，更容易发生大火灾。人为地保持稳定性，强行建立非自然的平衡，将可能导致更大的破坏。

学校组织是有生命的有机体，同样遵从自组织的法则。自由、开放、包容、适度失控的状态，有利于组织的生长和创新。

26. 如何看待学校管理的隐性代价[①]

一直以来，一些学校管理者有个认识误区，认为学校管理不是经济活动，因此很少考虑成本、代价和效益，而更多地考虑管理的效率和有效性，关注具体问题的解决和管理目标的达成。

其实，学校管理是有成本和代价的。显性成本和代价一般是物质上的，主要指学校管理中人、财、物的消耗；隐性成本和代价一般是制度性的，主要指管理中的制度设计与实施带来的学校物质、文化或师生心理方面的损伤。

隐性成本和代价虽然不易显现和被察觉，但其影响却更为长远和深刻，甚至会影响到学校组织文化的健康发展。

学校管理应有效降低制度性成本

经济学中有一个概念，叫作制度性交易成本，主要是指企业因遵循政府制定的各种政策、规章、制度而需要付出的成本。

在学校管理中，也有类似的制度性成本，即由学校管理中的制度设计与执行带来的管理成本。比如，教师购买教学用品前需要逐级请示，层层审批，手续烦琐，等物品买到手时可能已经错过了最

[①] 本文发表于《中小学管理》2018年第9期，题目和内容有改动。

佳使用时机。教师为了避免麻烦，下次可能就不申请购买教学用品了，这样最终影响的是学校的教育教学品质。那如何降低学校的制度性成本呢？

首先，调整组织结构，建立真正以师生为中心的组织结构。功能决定结构。例如，北京十一学校采用扁平化、低重心的组织结构，减少管理层级，合并管理机构，将中层机构从9个减少到4个，并将中层的管理职能转变为服务职能，服务于学部、年级、师生和教学。此外，十一学校有100多个预算单位，各自拥有资金的预算和使用权。这样做的目的是减少审批环节，让一线教师可以决定资源的配置与管理。

再如，作为北京十一学校的联盟校，青岛中学和青岛实验学校建立了A字型组织结构，行政与教育教学相互支持，共同服务于每一位学生的成长。学校在组织扁平化的基础上，实行专业化的行政管理，以便快速、及时地满足一线教师的教育教学需求。行政主管到一线服务，负责学部的行政事务，将教师从与教育教学无关的琐碎事务中解放出来，将时间还给教师，将教师还给学生。

其次，重构管理流程。重构管理流程有三个原则：一是以师生的生活、工作或学习为线索，二是方便师生而不是方便管理者，三是采用信息化手段。

在北京十一学校，教师的办公用品由其本人在学校指定的网站上选购，学校统一结算，商家统一配送。这样不但减少了中间环节，更重要的是每个教师都可以根据实际需要自主选购，避免了许多不必要的重复和浪费。

北京十一学校还规定，教师每年可以自主购买一定金额的、与教育教学相关的图书。教师自选书籍，自主使用。学校图书馆还推出"你买书，我买单"活动，教师只需填写自己需要的图书，学校图书馆会请商家在三天左右的时间内将书送到教师的案头。这样的制度设计其实是将学校选购图书的资金划拨给每一位教师，借助教师的眼光帮助学校选书，从而提高图书使用的适切性，最大程度地满足教师的需求。只有让每一本书都找到自己的有效使用者，才能提高资金的效率和图书的价值。价值的提升也就意味着成本的降低。

最后，避免管理过度。其实，管理中的有些问题是由管理本身造成的。管理不当或管理过度，都会造成不必要的成本和代价。

例如，有些学校用围栏将运动场围起来，关上门，加上锁，同时还专门安排锁门和开门的人，这就是管理过度。其实，没有任何必要对学校运动场进行封闭管理，室内的运动场馆、图书馆和阅览室也是如此。这些场所应该全天开放，方便师生随时使用。

多年前，我听河南省一位民办学校的校长说，她算过一笔账。学校图书馆的两位管理员老师每年的工资大约是10万元，如果图书馆实行自助式图书借阅管理，学校定期安排学生义工整理书籍和打扫卫生，则几乎没有什么成本。即使有人私自偷拿书籍，估计一年的损失也不会达到10万元。于是，她决定不再聘用专门的图书管理员，图书馆实行自助式图书借阅管理。

青岛中学和青岛实验学校均取消了集中式图书馆，改成分布式图书阅览室，教学区的每一层都有1—2个图书阅览室供师生使用。图书阅览室无人值守，师生自助借阅。学校实行自助打印，打印设备放在走廊的公共区域，师生可以自由刷卡打印，十分方便。

其实，管理就是做减法，能用信息化手段解决的问题就不用人力解决，能用机器做的工作就不安排人去做，能不管理的就不管理，以避免由管理本身带来的制度性成本。

好的管理要激发人性中的善意

或许有人会担心,如果学校没有图书管理员,那学生私自将书拿回家怎么办?如果实行自助打印,学生故意破坏打印设备怎么办?

其实这样的问题并不难解决,学校完全可以通过视频监控等技术手段进行管理。这里面的关键问题是,我们的管理是基于什么样的人性假设?我们制度设计的逻辑起点是什么?如果我们认为人人都是破坏者,那么管理一定是从防范着手,最终难免会造成管理过度、处处约束人的局面;如果我们认为师生可以正确地使用和爱护公共物品,那么管理则会从需求出发,最大限度地方便师生。

一个人的管理观取决于他的人性观。其实,人性并无绝对的好坏善恶,每个人的身上都是善恶并存,一半是天使,一半是魔鬼。但是管理是有好坏的,好的管理总是能激发人性中的善意,而不好的管理往往将人性中负面的东西逼出来,最后也必将付出成本和代价。

2006年,我在加拿大多伦多市学习,每天坐公交和地铁出行。我发现当地既不安排人员检票,也没有验票的闸机设备,人流出入非常顺畅。当然,当地也有抽查机制,如果乘客被发现有逃票行为,那么其个人信誉记录就会有污点。这样的管理是基于人性善良的假设,这样的制度设计是基于大多数人会遵守社会规范的预期,这种做法大大降低了管理成本和社会成本。

我在马鞍山二中工作时,大家认为应该给教师办公楼的卫生间配备卫生纸。有人提出反对意见,理由是教师可能会把卫生纸拿回家,这个理由让人哭笑不得。我说,他拿回家我们再放,充足供应,老师们全家的卫生纸我们包了,这当然是开玩笑的话。后来我们发现，学校并没有出现这样的事。

高建华在《笑着离开惠普》这本书中也写过类似的故事。惠普公司在其卫生间中配备了质量非常好的卫生纸，但管理者后来发现卫生纸消耗得很快，显然是有人将纸私自拿走了。于是，有人建议改放品质低劣的卫生纸，这样可能就不会有人拿了。但惠普公司考虑，不能因为少数人的行为而让大多数人受牵连，所以继续供应高品质的卫生纸；但同时表示，这种偷拿东西的行为反映了一个人的品德问题，公司不会因为事情小而听之任之，一旦发现，立即开除。

检视我国当下的学校管理，也有很多相反的案例。据说，一所民办学校为防止男女学生过度交往，就让学生分开就餐，男生在一楼，女生在二楼；同时规定，男女学生不得两人单独同行，否则将被视为违纪。这样的管理反映的是落后的学生观和管理观。这已经不是管理，而是管制；不是教育，而是反教育。这样的管理会带来巨大的隐性代价。

还有一些学校鼓励教师进修，提升学历，但又和教师签订协议，要求教师几年之内不得调离本校，否则就要支付经济赔偿等。有的学校甚至要求教师在参评特级教师时也要与其签订类似的协议。如果教师是出于工作需要提升学历，那么即使进修后马上离开学校，他也不欠学校任何东西。职称评定也是如此，职称不是学校给教师的奖励，而是教师参加评定的结果。我们应该尊重教师的个人选择。每个人都有离开的自由，离开不是背叛。

管理要顺应和尊重人性，激发人性中的善意。好的管理总是小心翼翼地避免考验人性，因此，我们在管理中不要摧毁人与人之间的基本关系，要尽可能用人性化的管理来涵养学校的文化与生态。

学校管理要避免产生制度性羞辱

我以前读到过这样一个案例：美国的一位管理专家到一所中学进行管理咨询，他看到学校教师有迟到和早退的现象，也有些教师是早来迟走，加班加点。于是，他建议校长加强考勤管理，重申学校的上下班时间规定，早上不得迟于 8 点上班，下午不得早于 4 点半下班，并实行签到考勤制。三个月以后，这位管理专家再次来到这所学校，发现教师迟到早退的现象没有了，但早来迟走的加班现象也基本没有了。这就是管理的代价。

我在马鞍山二中工作时，学校没有制定签到考勤制度，但规定有课的教师不能迟到，没课的教师可以弹性上班。这样，虽然有教师偶尔迟到早退，但也有很多人在自觉地加班。此外，学校还规定，事假半天以内、病假一天以内，教师不必请假，自己安排好工作即可；事假三天以内、病假一周以内不扣奖金。后来，我在北京十一学校也看到了类似的情况：学校没有设立考勤制度，教师们却经常忙到很晚才离开学校。学校的宽松与教师的自律构成了一幅和谐的生态图景。

这其实反映了一种学校文化：学校信任和关怀教师，教师热爱工作。教师从事的是个性化的劳动，我们不能简单地用考勤来制约。很多教师下班后在家里备课、批改作业到深夜，并没有算作加班；早上他若因为送孩子上学来得晚一点儿就被记作迟到，这是不合情理的。采用打卡签到的方式，不准教师迟到或早退一分钟，这是对他的不信任，他因此可能到点才来，到点就走，不想多待一分钟。这是对学校文化的破坏，也是管理的隐性代价。所以有人开玩笑说，如果一个组织热衷于上班打卡签到，那么这个组织已经在走下坡路了。

也许有人会说，如果我们不加强考勤，学校可能就乱了。前段时间，一个朋友告诉我，他所在的学校上学期尝试取消上班考勤签到，一学期下来效果并不好，现在正考虑是不是再退回去。我告诉他，如果不签到就会有许多人迟到早退，那就已经不是考勤的问题了，而是学校管理和学校文化出了更大的问题。假如只是少数人迟到早退，就更没必要让大家都打卡签到，可以根据实际情况个别处理。如果出现这类情况的教师确实有实际困难，那么学校可以给予适当的关照；如果他没有任何正当理由，学校则可以个别提醒。不能因为少数人有迟到早退的行为而让所有人天天签到。

"一人生病，全体吃药"是一种简单化的管理思维，也是一种粗暴的管理行为，更是对大多数遵守规矩的人的不信任，是一种制度性羞辱。这种管理方式体现了管理者的傲慢，必然会引起抱怨和不满，增加隐性的管理成本。

在加拿大多伦多市学习时，我们一行十人住在学院的酒店里。酒店提供品种繁多的免费早餐，还提供免费水果。几天以后，我们发现餐厅在显眼的位置上放了一个提示牌，上面用中文写着："早餐水果，每人只能拿一份。"除此之外，我并没有发现英文的提示牌。很明显，这是针对中国人设置的。我不能肯定我们一行人中是否有人每天会多拿一份水果带回房间，但这种提示方式显然是一种歧视，也是对所有住在该酒店的中国人的集体羞辱。

伦理学家阿维夏伊·马格利特（Avishai Margalit）在《正派社会》(*The Decent Society*)一书中说，别让社会制度羞辱社会中的任何一个人。因为少数人的过错而惩罚大多数人，是一种制度性羞辱。

2017年夏天我在青岛工作，当时教师每天三餐都是在学校食堂吃自助餐，也有少数教师将饭菜打包带回去吃。有一次，食堂的管理人员找到我，说个别教师打包的饭菜超过了正常分量，是否要写个提示牌提醒一下。我立即想起了当年在加拿大的遭遇。我说，千万别这样，这只是极个别现象，可能事出有因。我们可以在适当的时候个别了解、提醒一下，但不能因为极少数人的偶然行为，让多数人蒙羞。

制度性羞辱带来的隐性成本和代价是巨大的，它会影响和破坏学校中人与人的基本关系，甚至影响学校的文化和生态，因此在学校管理中我们应极力避免。

学校管理要与人的天性合作，尊重而不是违逆人的天性。好的学校管理使人不断向好、向善，不断激发人性中正面的动能。

27. 如何应对学校管理中的两极困境

学校管理者经常会陷入两难之中。

当教师与学生、学校与家长、上级与下级之间存在价值冲突时，是教师第一还是学生第一？是服从上级还是听取下级的建议？

当目的与手段、过程与结果、程序与实质之间出现价值冲突时，是强调目的与过程，还是重视手段与结果？

当情、理、法之间出现冲突时，是更多地关注合情性、合理性还是合法性？当教育的均衡与发展、公平与效率发生矛盾时，是更多地关注均衡与公平，还是更多地关注效率与发展？

当我们需要对管理中的自由与纪律、统一与个性进行价值选择时，是更多地考虑学校的法纪和统一性，还是更多地关注学生的自由与权利？

…………

面对两难选择，我们往往会陷入价值迷思与困境之中，顾此失彼，难以两全。

引入更高层次的价值和意义

从哲学上说，两极的存在是有意义的，"悖论的两极与电池的两极相似：把它们组合在一起，它们就会产生生活的能量；把它们分离，电流就会停止流动。"①

"发现真理不是靠非此即彼地割裂世界，而是靠即此即彼地拥抱世界；在一定的情况下，真理是表面对立事物的似非而是的联系。如果我们想认识那一真理，我们必须学会把对立事物作为整体来接受。"②正如诺贝尔奖获得者、物理学家尼尔斯·博尔（Niels Bohr）提出的一个基本原理："与真命题相反的是假命题，但是与一个深刻真理相对立的，可能是另一个深刻的真理。"③

如果我们全面地而不是分离地看待事物，就必然会出现两难问题，因此我们需要将许多单一的局部评价整合为整体的评价。"分离地认识世界，跟远距离地认识世界一样，都曾经给我们巨大的力量……但也给了我们一个支离破碎的现实观，摧毁了生活的完整和奇妙。"④分离地看待世界容易形成非此即彼的思维方式，这是决策中最为常见的陷阱，"非此即彼的二元论思维方式就像地球重力一样，像一种无处不在的力量，总是企图强迫我们掉入它的陷阱，阻碍我们寻找其他可替代的方法。"⑤

我们不能超越二元论的根本原因是站位不够高。低维度中的对立现象，从更高的维度上看可能是同一事物的两面。比如，在四维时空观中，时间和空间是一回事，甚至可以相互转换。

所以，那种将我们拉向两极并让我们感到紧张的张力并不是要固执地把我们撕裂，而是要使我们的心胸变得更开阔。当我们引入

---

①②③④ 帕尔默. 教学勇气——漫步教师心灵 [M]. 吴国珍，余巍，译. 上海：华东师范大学出版社，2005: 67, 65, 65, 64.

⑤ 库珀. 行政伦理学：实现行政责任的途径 [M]. 张秀琴，译. 北京：中国人民大学出版社，2010: 34.

一种更高层次的价值与意义时，对立的双方就能够被包容和超越。

比如，是教师第一还是学生第一？我们引入以人为本的概念后，就超越了二者的对立。比如，是遵循上级的要求还是回应下级的诉求？当我们以学生的利益为基点来审视时，这就不再是困境。比如，是重视自由还是重视纪律？我们引入爱的概念后，就不会再纠结。正如舒马赫（E.F. Schumacher）在他的经典名著《小即是美》（*Small Is Beautiful*）中所说："怎么能够使教育的纪律和自由的要求调和呢？实际上，有无数的母亲和教师都在做这个工作，但是没有一个人能够写出一个解决办法来。他们的做法是这样的：带入一种更高层次的、超越了对立的力量——即爱的力量……如此，有分歧的问题促使我们自己努力提升到高于我们自己的层次；它们既要求又激发来自更高境界的力量，从而给我们的生活带来了爱、美、善、真。就是因为有这些更高层次的力量，对立的事物才能在我们的生活环境中得以调和。"[1]

引入更高层次的价值和意义，可以让我们站在更高的维度，以更大的视野审视和超越两极困境。教育本身充满着对立统一的张力：平等与效率、个性与统一、自由与控制、解放与约束、对话与独白、科学与人文、应然与实然、教育之道与教育之术等，这种张力构成了教育的两极，也蕴涵着教育的生命力与创造力。千百年来，无数教育先哲正是在教育张力的两端之间，寻找教育的支点，从而形成了教育史上多样的教育思潮与教育实验。

---

[1] 帕尔默. 教学勇气——漫步教师心灵[M]. 吴国珍，余巍，译. 上海：华东师范大学出版社，2005: 85.

寻求价值两极之间的平衡

面对学校管理中的两难问题,任何偏向一端的做法都可能矫枉过正。中国传统文化中的中庸法则提倡寻求事物之间的平衡,是解决两难问题的东方智慧。中庸法则并不是简单意义上的折中,不是骑墙,而是中和,所谓"执两用中"。中庸法则是"度"的智慧,是站在事物的两极,用实践智慧去寻求事物两端的平衡点。它不拘泥,不偏激,追求的是适度、适当、适切。

"从某种重要意义上来说,一切决策都是折中的问题。"[1] 执两用中,其实并不是要寻求中点,而是要寻找最佳的"度"。亚里士多德(Aristotle)也曾经谈到中庸法则,他认为万事都要取中庸之法,即寻找两个极端之间的"居中之道"。也就是说,超过了一定的度,好的效果会减弱,而坏的效果会增强。英文中的"interest"(利益)一词来自拉丁语中的"interesse"(意为"居中,处于两个人或两个群体之间")。这也说明利益之道是中庸之道。

比如,关于公平与效率,偏重于任何一端都可能是失当的,"在平等中注入一些合理性,在效率中注入一些人道"[2]。寻求二者之间的平衡才是恰当的选择。

比如,关于理想与现实,即价值理性与工具理性,同样不可执于一端。我们既要仰望星空,又要脚踏实地,正所谓"非常理想,特别现实"。一味地在云端跳舞,则可能不接地气,时间长了便会沉迷于空想;一味地耽于现实,被裹挟在世俗的滚滚红尘中,则可

---

[1] 西蒙. 管理行为 [M]. 詹正茂,译. 北京:机械工业出版社,2013:5.

[2] 奥肯. 平等与效率 [M]. 王奔洲,译. 北京:华夏出版社,1999:116.

能失去价值引领和追求，堕入平庸之恶。只有将理想与现实、利益与价值结合起来，才是合理与正当的。我们要始终追寻教育理想的价值引领，才不至于在功利与浮躁、短视和偏见之中迷失方向，失去追求。同时，我们还应当脚踏实地，面对现实，关注当下，聚焦问题，并从中寻找实践智慧，找到切实可行的解决之道。

比如，学校管理中的情、理、法的冲突，反映的是学校管理中的科学、民主与道德的关系。这三者各有内在的追求，也有不同的偏失，三者并不必然一致，但三者之间的异质取向恰好构成了互补的可能，其间充满的张力也正是活力的来源。三者冲突与融合的过程有可能消解各自的偏失，保存各自的价值，形成更高层次的综合价值取向。合法性追求涉及管理的民主性，关注程序与机制、利益与平等、妥协与博弈、多数与少数；合理性追求涉及学校管理的科学性，关注效率与效益、速度与质量、规律与技术、方法与手段；合情性追求涉及学校管理中的伦理性，关注学校管理的人文性、公平感和可接受性。这三者的内在融合机制其实是目的与手段的统一，过程与结果的统一，程序与实质的统一。

平衡是一种"度"的智慧。凡事过犹不及，任何事物超出了一定的度，就可能走向反面。中庸不是无原则的调和，也不是中间派和骑墙者，而是一种全面的思维方式——瞻前顾后，左顾右盼，执两用中。相反，任何走极端的思维方式，必然流于偏执、狭隘，最后走向自我禁锢，走向死胡同。因此，兼顾两极不仅是一种行为方式，也是一种思维品质，更是一种包容、开阔的胸襟和素养。

重新审视伦理法则，直面问题本身

有时我们会发现，用既有的伦理法则去考虑和解决问题时，会出现两难对立且不可调和的局面。这时候，可能的选择之一是重新审视这些伦理法则，并追问这些伦理法则的合理性。

从根本上说，现实中很多矛盾与两难问题的出现，并不是因为问题本身存在二律背反，而是因为伦理法则存在二律背反。矛盾和冲突的形成是人为的，是历史的，这就要求我们在面对两难价值冲突时，以权变的思路修正或者悬置伦理法则，直面问题本身，从问题出发，从问题及其情景的提示中去寻找解决的思路与办法，进行价值追问和价值辨析。

比如，对学校管理者来说，服从上级是基本的行政职责要求。但是如果上级的要求明显不合理，学校管理者就不能简单地按照服从上级的法则行事。一则报道称，某地教育局召开防溺水安全会议，要求辖区内各学校的教师各承包一至两个池塘，若出了溺水事故，就要追究承包该池塘的教师的责任；有的地方政府为了完成脱贫攻坚任务，要求教师参与扶贫工作；有的地方政府要求中小学教师参与征迁工作；有的地方在迎接文明城市检查时，甚至要求教师承包街道路段，上街捡烟头，参与交通执勤任务等。这样的要求令人啼笑皆非，学校管理者显然不宜无条件执行。

再比如，有的地方要求中小学校学生不得将电子产品带入校园，禁止男女学生单独交往，统一学生发型等，但却收效甚微，学校陷入管理的两难困境。其实我们应该进一步追问，学校或者上级教育行政部门的这些规定有没有正当的理由和根据？是不是符合教育的伦理和儿童的天性？这些深层次的追问才是有价值的。不机械地囿于固有的规则，站在本源的高度重新审视规则本身，这显然是更高层次上的价值反思与追问，也是学校管理者价值敏感性和价值创造力的重要体现。

我们的校园生活充满了矛盾与张力：自由与控制、安全与冒险、自我与他人、现实与理想、个人与集体、统一与个性、理想与现实……正是这种张力，构成了学校生活的两极；而正是在这两极之中，蕴含着道德、伦理和教育的意义。"无数的矛盾、冲突、两极性、压力和对立物构成了我们教育的体验。"[1] 学校管理者如果能顾及两极的存在，就不会偏执地走向极端；如果能在两极中寻求平衡，那是具备了一种大智慧；如果能超越两极，并在两极中寻求教育的意义，则是到达了一种极高的境界。

---

[1] 范梅南.教学机智——教育智慧的意蕴[M].李树英，译.北京：教育科学出版社，2014: 61.

28. 在学校管理中如何运用机制的力量

什么是机制

一些国家为了治理交通拥堵，采取了一些特别好的机制。比如，在美国，有的州规定，如果一辆车上有两个人及以上，就可以进入快车道。这个机制鼓励人们拼车出行，而不是一个人开一辆车。

在加拿大也有类似的规定。在一些城市，一车一人要交更多的通行费用，一车多人则不用交费。这个规定鼓励人们拼车出行，节约能源，同时缓解交通拥堵。多年前，我去加拿大的多伦多市，看到大部分上班族住在郊外，所以每天早上进城的人多，出城的人少，到下午正好反过来，出城的人多，进城的人少。于是，当地交通部门根据车流量来调节车道数量。比如，双向 6 车道，早上进城的人多，就把进城方向调成 4 车道，出城方向调成 2 车道；下午出城的人多，就将出城方向调成 4 车道，进城方向调成 2 车道。最近我看到北京的一些路段也采用了这样的错峰调节办法。

有的城市治理交通拥堵采用限号、限行的办法，其实这样做并没有真正解决拥堵问题，因为人们的应对方式是再买一辆车，结果车不仅没有减少，反而增多了。这种治理拥堵的方式的背后不是机制思维，而是制度思维。管理部门觉得车多了，交通拥堵了，那就规定一些车不能上路，结果却适得其反。

机制和制度是不一样的，机制能产生一种四两拨千斤的效果，而制度简单地不准你这样或者那样。机制其实是一种良好的制度设计。它不是一种简单的制度，不是直接去解决表面的问题，而是系统设计，解决深层次的问题；它起的作用是激活、引领、撬动，试图寻找一个支点，激发内在的力量；它的效果可能是乘法效应、倍数效应，乃至指数效应。而制度就是一个简单的规定，依靠的是控制、压制，通过外力来起作用，解决的是表面的问题，治标不治本。在学校管理中，我们应该更多地采用机制思维，而不是简单地使用制度思维。

如何从制度走向机制

我们在学校管理中发现，大多数学校都有很多制度，学校解决问题的办法就是出台制度，这样做的结果是制度越来越多，甚至能编成一本册子。但是这些制度的执行效果不一定好，甚至大家并不执行，这些制度只是被印在纸上，挂在墙上。比如面对学生使用电子产品、教师考勤等问题，我们似乎除了出台一个制度，下一个禁令，就没有其他办法了。其实，我们要解决的问题是怎样设计一些比较好的机制，让老师们、同学们能够自愿地去做一些事。这就是机制思维。

海尔集团员工对烦琐的出差报销规定很不满意。后来，海尔集团进行改革，取消出差报销制度，将个人出差费用纳入年终绩效考评，这样就避免了很多问题。没有了复杂的报销流程，个人可以根据具体情况自行安排，主动节约。这不仅节约了管理成本，也节约了经济成本。这就是机制的力量。

再看一个案例。2006年，我们去加拿大考察公共管理。我问环保部部长："你们有没有企业偷排污水的问题，是怎么解决的？"他说他们不会简单地检查企业是否排污，而是设计了一种机制——规定每个城市的取水口必须建在排水口的下游。也就是说，企业偷偷排放的污水将会成为这个城市的饮用水，老百姓自然不会答应。这就把老百姓的利益和企业的环保工作紧密结合在一起。政府不是简单地查处企业的偷排行为，而是把企业的利益、市民的福祉、政府的职责很好地结合起来。这就是机制思维。

日本的公共卫生令人印象深刻。2019年4月，我们去日本访问，无论是在城市还是乡村，基本上看不到垃圾，甚至很少看到垃圾箱。导游介绍说，原因之一是日本的垃圾分类做得特别好，但更重要的原因是老百姓家里的生活垃圾必须用政府指定的垃圾袋来装，而这个垃圾袋的价格特别高，一个袋子大概相当于人民币30多块钱。扔垃圾是有成本的，为了减少成本，人们就要尽量少制造垃圾。如果要扔大件垃圾，比如家具、破沙发、破电视机、洗衣机，需要付的钱就更多。日本政府运用的就是利益机制。

如此，我们便能更好地理解制度和机制的不同：制度是一种单向度的行为指令，是对行为主体的管控、限制和约束；机制是一种规则设计，它促进系统或组织中的利益相关方积极互动，让行为主体处在一种积极、互动的高关联状态。

机制背后最核心的要素是什么

我们先看一个案例。当年一些英国的殖民者把罪犯卖到澳大利亚。卖罪犯的人贩子和船主做交易，你给我运多少人到澳大利亚，我给你多少钱。船主为了多挣钱，基本上都会超载，比如说一个船能装80个人，他可能就要装100个人。而且船主只顾节约成本，导致罪犯吃得很差,卫生条件也差,好多罪犯在途中就死了。人贩子希望船主不要超载,并改善罪犯的饮食和卫生条件,但是并不见效。用什么样的机制才能让这些船主主动改善运输条件,尽量降低罪犯的死亡率?

后来,人贩子改变了结算的方式,把离岸结算改为到岸结算。原来是你运多少人到澳大利亚我给你多少钱,现在是你把多少人活着运到澳大利亚,我就给你多少钱。这样,船主为了多挣钱,就会想办法把人活着运到澳大利亚,他们可能会主动配备随行医生,尽量不超载,还会改善罪犯的饮食和卫生条件。

从这个案例中,我们看见了利益。趋利是人的本性,追逐利益本身没有错。利益机制就是利用人自利的本性来实现利他的行为。实现双赢的结果是机制设计的智慧所在,所以利益或者说双赢是机制背后的核心要素。

与利益相关的是人的需求。需求是理解人性的一把钥匙,"需求就像打火钥匙发动汽车一样,在激发力的驱使下,一拧就着。"[1]从本质上讲,管理就是管理需求和管理未来,发现、尊重和满足人的现在需求,创造和引领人的未来需求,这是建立机制的重要支点,也是驱动人的行为的重要动力点。

利益与需求都是最基本的人性。我们在设计管理机制时,要尊重和顺应人性,正如大卫·休谟(David Hume)所说,任何学科不论似乎与人性离得多远,它们总是会通过这样或那样的途径回到人性。

---

[1] 斯莱沃斯基,韦伯.需求——缔造伟大商业传奇的根本力量[M].龙志勇,魏薇,译.杭州:浙江人民出版社,2013: 166.

机制一定要符合人性，才能真正撬动人的内动力。当然，人性中既有优点也有弱点。利用人性的优点，回避人性的弱点，把人性中那些美好的东西激发出来，可能就是好的机制。

举个例子，如果一个草坪要让人绕远路的话，人们最后会破坏草坪，从草坪上踩出一条路来。所以，在设计草坪时，我们一定要尊重人喜欢走近道的天性，提前留出一条便道。

人有哪些基本的天性？首先，人有逐利的天性。利益其实是这个世界运转的动力，人们做事情是需要有动机的，其中最重要的动机就是利益，所以我们一定要尊重人们逐利的天性，不能以自身的道德洁癖来苛责别人正当的利益诉求。其次，人有向善、向好的天性。"人性之善也，犹水之就下也"，每个人都愿意把事情做好。最后，人有重视情感的天性，有希望被尊重和被信任的天性。我们在设计机制时应充分考虑人的这些天性。好的管理机制是从尊重人性出发，将人的行为导向正确的管理目标。

机制中隐含着机智

机制背后隐藏的管理创新与智慧是机制的灵魂。

先说一个分粥的故事。牢房里有七个人，他们每天早上都要喝粥。在没有监督的情况下，怎样才能把粥分得既公平又有效率呢？

一开始，这七个人采用的办法是轮流分粥。结果只有自己分的那天能多喝一点儿粥，剩下的六天都是由别人来分，自己吃不饱，最后大家都不满意。

这七个人采取了第二种办法，即推举一个公平的人来分粥。可时间一长，有些人就会去讨好、逢迎分粥的人，分粥的人在分粥时便会偏向那些讨好他的人。大家觉得一个好人在一个坏的机制里也会变坏，也就不再单纯地相信某一个人了。

于是，这七个人就成立了一个由三个人组成的分粥委员会和一个由另外四个人组成的监督委员会。用这种办法分粥确实比较公平，但是效率太低，以致大家每天喝到嘴里的粥都已经凉透了。

最后，这七个人采取的办法是每人分一天，谁分粥谁最后取。七天里还是每人分一天粥，但是你分粥的那天，你就最后一个取粥。如果这七碗粥当中有一碗最少，那碗粥很显然就是留给你自己的。如果你不想喝那碗最少的粥，你就要把粥分得均匀。这种分粥方式既公平又有效率，体现了机制的力量和管理的智慧。

再说一个案例。一家自助餐厅的经理非常重视菜品口味和质量，常常亲自品尝每道菜。他这样事必躬亲，严格把关，却没有使餐厅的经营有所起色，因为他用自己的评价标准代替了客户的评价标准。后来，餐厅换了一位经理，这位经理采取的办法很简单，他每天在餐厅里面转悠观察，哪个菜客人吃得比较多，那这个菜第二天就可以多做一点儿，哪个菜客人吃得比较少，那就淘汰。通过这样一种机制，自助餐厅的经营很快有了起色。这位新经理的基本思路就是引进客户评价。我们经常用管理者的评价代替客户的评价，关注了自己认为最重要的东西，却忽视了客户认为最重要的东西。

所以，机制思维是一种创新思维，是一种智慧思维。我们需要明晰管理的本质，洞悉人性的特点，寻找机制的支点，撬动人的内在需求，在创新与智慧中有效地实现管理目标。

在学校管理中，有两类重要的管理机制：一类是激励机制，即调动和激发人的主动性、积极性和创造性，这是管理的核心；另一类是制约与评价机制，即让组织在正确的轨道上朝着正确的方向运行。如何以创新、智慧的方式来设计这两类机制，是学校管理的重要课题。

后记

一

47岁那年，我负笈北上。

到北京十一学校后的第一天，我向李希贵校长报到。他送给我十几本管理学方面的书。虽然我以前的阅读范围很广，但纯管理的书读得并不多。随后的日子里，我便在十一学校的博物馆一楼静心读书。

那栋博物馆是20世纪50年代初的仿苏式建筑，红瓦、红墙、红窗、红地砖，我的隔壁就是创校校长林月琴女士原先的办公室。凭窗而坐，红窗外绿影婆娑、花枝摇曳，阳光泼洒进来，清澈而安宁。我整日静心读书，沉潜于经典之中，与大师和先哲对话。

冬去春来，窗外的樱花落了又开，银杏树的叶子黄了又绿。在这静谧的时光中，我系统地阅读了一年多的管理和教育经典，获益良多。

二

读书的过程也是对自己过去20多年教育实践的系统化的反思过程。我从学校教育和管理的现场抽离出来，反观自己过去多年的管理实践，并在理论与实践的对话中，重新建构学校管理的理论逻辑和实践逻辑。

在我看来，学校领导与管理，既是科学，也是艺术，同时还是伦理性实践。

说它是科学，因为学校管理有自身的规律，这些规律蕴含特定的原则和方法。

说它是艺术，因为学校管理有很强的实践性与情境性，充满个性化的实践智慧。

说它是伦理性实践，因为学校管理的对象是教师和学生，目的是育人，教育性是其区别于其他管理的主要特征。因此，在学校管理的过程中，我们应当充分考虑人的地位和作用，考虑学校管理的价值取向和伦理关怀。

在阅读和反思的过程中，我深切地感受到，相比半个世纪以来管理学的进展，学校管理学仍然停留在几十年前的水平，学校管理的科学性远未充分彰显；管理是一种艺术，但尊重管理是一种艺术的传统已不复存在；至若学校管理的伦理性问题，则鲜被关注。

三

2017年9月，青海省西宁市城中区教研室的刘静茹主任邀请我参加线上读书会，和她的一群校长朋友一起读书。我非常愉快地答应了静茹的邀请，因为这让我有机会梳理和澄清前面这一年多的读书感悟以及多年管理实践的反思，并与大家分享。

我们主要读管理学方面的书。每周周一的晚上，大家相约线上，有的在家里，有的在学校，有的在出差的火车上，有的在外地的酒店中……我们准时相约，共同度过了美好的读书时光。读书将相距甚远的我们联结在一起。

线上共读活动持续了一年多。每次我们结合学校工作实际确定一到两个话题，共同研讨、交流，分享读书心得。校长们在读书过程中提出了很多问题，我会在每次共读活动的最后做分享式小结，谈谈我个人的理解，供大家参考。

每次共读活动结束后，都有一位校长朋友将我点评的语音内容转换成文字，整理成文，日积月累，就有了这本书的主要内容。此后我又增写了部分文章。准确地说，这本书的主要内容不是写出来的，而是说出来的，所以书中的文字具有口语特征，稍显冗散。为保留共读时的现场感和口语风格，现只对个别词句略作修正，总体仍其旧。

特将这本书献给西宁市城中区一起读书的校长朋友们！

四

最后要感谢李希贵校长。2015年来北京工作时，我是抱着归零的心态，希望跟随李希贵校长重新学做教育。有次我遇到吴法源老师，他笑着说："你将来可以写本书，书名就叫'重新学做校长'。"

"却顾所来径，苍苍横翠微。"过去的5年，从马鞍山到北京，从北京到青岛，确是清零的5年，也是反思和重启的5年。在这5年中，我一直在思考和实践如何重新学做校长，如何领导一所学校。

感谢李希贵校长为本书赐序，更感谢他的教育思想长久以来对我的指引和帮助。

汪正贵

2021年1月于青岛

人名索引
以汉语拼音字母顺序排列

A

阿斯派克特，阿兰（Aspect, Alain） 144
艾斯奎斯，雷夫（Esquith, Rafe） 013

B

巴顿，乔治（Patton, George） 134
彼得，劳伦斯（Peter, Laurence） 100
博尔，尼尔斯（Bohr, Niels） 156
波斯纳，巴里（Posner, Barry） 005

C

曹操 022
崔西，博恩（Tracy, Brian） 016

D

德鲁克，彼得（Drucker, Peter） 048, 068, 069, 071, 072, 075, 080, 081, 095, 096, 097, 102, 103, 108, 114
笛卡尔，勒内（Descartes, René） 142
杜威，约翰（Dewey, John） 030, 074, 094, 130

G

高尔基，马克西姆（Gorky, Maxim） 086
高建华 151
哥德尔，库尔特（Godel, Kurt） 141
顾明远 074, 145

H

海森堡，沃纳（Heisenberg，Werner） 142
怀特海，阿尔弗雷德·诺思（Whitehead，Alfred North） 074
黄庭坚 086

J

金，马丁·路德（King，Martin Luther） 016

K

卡耐基，戴尔（Carnegie，Dale） 088
凯莱赫，赫布（Kelleher，Herb） 138
克劳德，亨利（Cloud，Henry） 088
肯尼迪，约翰（Kennedy，John） 017
孔子 054
库泽斯，詹姆斯（Kouzes，James） 005

L

李希贵　　005，006，010，024，025，038，039，042，057，074，
　　　　　093，102，106，126，127，143，145，169，171
梁漱溟 087
林月琴 169
刘静茹 170
洛克，约翰（Locke，John） 074
罗素，伯特兰（Russell，Bertrand） 074

M

马格利特，阿维夏伊（Margalit, Avishai）	153
马克思，卡尔（Marx, Karl）	088，144
马斯洛，亚伯拉罕（Maslow, Abraham）	120
麦克斯维尔，约翰（Maxwell, John）	040，045
毛泽东	017
明茨伯格，亨利（Mintzberg, Henry）	022，040，068

N

纳尔逊，鲍勃（Nelson, Bob）	036
牛顿，艾萨克（Newton, Isaac）	141，142

P

帕金森，诺斯古德（Parkinson, Northcote）	102
潘国双	057

Q

秦建云	011
丘吉尔，温斯顿（Churchill, Winston）	092

S

舒马赫（Schumacher, E.F.）	157
苏寿桐	060
孙云晓	145
孙振耀	123
索尔仁尼琴，亚历山大·伊萨耶维奇（Solzhenitsyn, Aleksandr Isayevich）	126

T

泰勒，弗雷德里克·温斯洛（Taylor, Frederick Winslow） 142

W

王春易 013
汪延茂 059
韦伯，马克斯（Weber, Max） 029，030，032，033
韦尔奇，杰克（Welch, Jack） 007
吴法源 171

X

西蒙，赫伯特（Simon, Herbert） 111
希特勒，阿道夫（Hitler, Adolf） 092
休谟，大卫（Hume, David） 165

Y

亚里士多德（Aristotle） 158
雅斯贝尔斯，卡尔（Jaspers, Karl） 074
杨昌济 002

Z

张瑞敏 068
佐藤学（Manabu Sato） 074

图书在版编目（CIP）数据

如何领导一所学校／汪正贵著．－－北京：中国人民大学出版社，2021.9
ISBN 978-7-300-29817-7

Ⅰ.①如… Ⅱ.①汪… Ⅲ.①中小学—学校管理—研究 Ⅳ.①G637

中国版本图书馆CIP数据核字（2021）第177243号

如何领导一所学校
汪正贵 著
Ruhe Lingdao Yi Suo Xuexiao

出版发行	中国人民大学出版社		
社　　址	北京中关村大街31号	邮政编码	100080
电　　话	010－62511242（总编室）	010－62511770（质管部）	
	010－82501766（邮购部）	010－62514148（门市部）	
	010－62515195（发行公司）	010－62515275（盗版举报）	
网　　址	http://www.crup.com.cn		
经　　销	新华书店		
印　　刷	北京华宇信诺印刷有限公司		
开　　本	720 mm × 1000 mm　1/16	版　次	2021年9月第1版
印　　张	11.5　插页1	印　次	2024年6月第6次印刷
字　　数	150 000	定　价	68.00元

版权所有　侵权必究　印装差错　负责调换